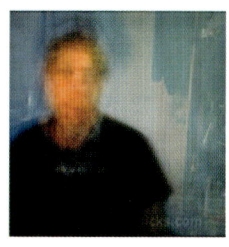  

图3（彩） 根据 fMRI 的扫描结果重构的好莱坞电影预告片片段。原来的预告片展示的是史蒂夫·马丁（Steve Martin）①、沙漠里的一头大象和一架飞机。

来源：Modified from Shinji Nishimoto, An T. Vu, Thomas Naselaris, Yuval Benjamini, Bin Yu, and Jack L. Gallant Reconstructing visual experiences from brain activity evoked by natural movies. *Current Biology* 21, 1641–6 (2011), with permission from Elsevier.

来源：图片由 Jack Gallant 友情提供。

 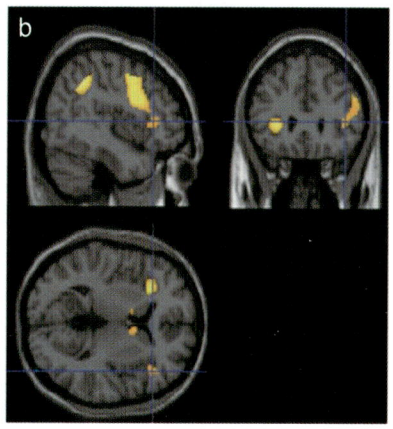

图4（彩） 阿德里安·欧文（Adrian Owen）本人以及他在完成任务时的大脑 fMRI 扫描图像。

来源：图片由 Adrian Owen 友情提供。

---

① 美国好莱坞演员、编剧、制作人。——译者注

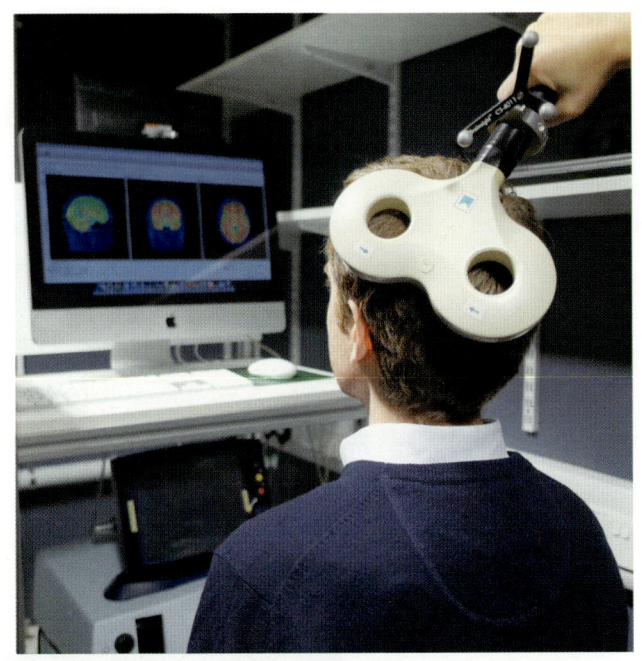

图7（彩） 一个参与者正在进行经颅磁刺激实验。
来源：图片由 Carl Bentham 友情提供，拍摄自乔恩·西蒙实验室。

容易： 绿色 黄色 红色 蓝色
困难： 绿色 黄色 红色 蓝色

图8（彩） Stroop 效应示意图：说出墨水的颜色，而非读词。
来源：图片由 Julia Gottwald 制作。

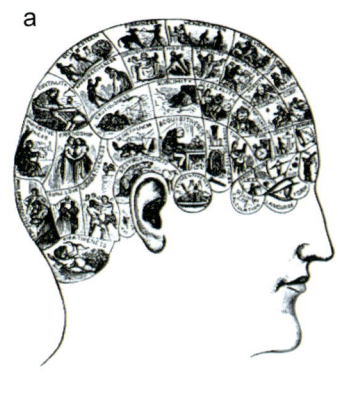 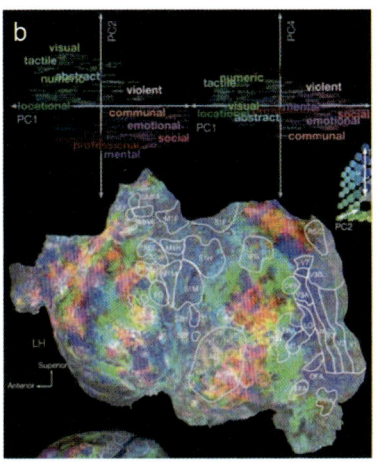

图9（彩） (a) 颅相学的示意图，展示了据说与特定人格特质相关的位置。(b) 人类大脑皮层语义地图的可视化展示。这是一个参与者的语义地图：绿色区域主要与物理和知觉范畴有关，而红色和紫色区域表征与人类相关的范畴。

来源：(a) 来自伦敦的韦尔科姆（Wellcome）图书馆。(b) 体素取向的语义模型的主要成分。Reprinted by permission from Macmillan Publishers Ltd: Figure 2: Principal components of voxel-wise semantic models, copyright, from Alexander G. Huth, Wendy A. de Heer, Thomas L. Griffiths, Frédéric E. Theunissen, and Jack L. Gallant Natural speech reveals the semantic maps that tile human cerebral cortex. *Nature* 532, 453–8 (2016).

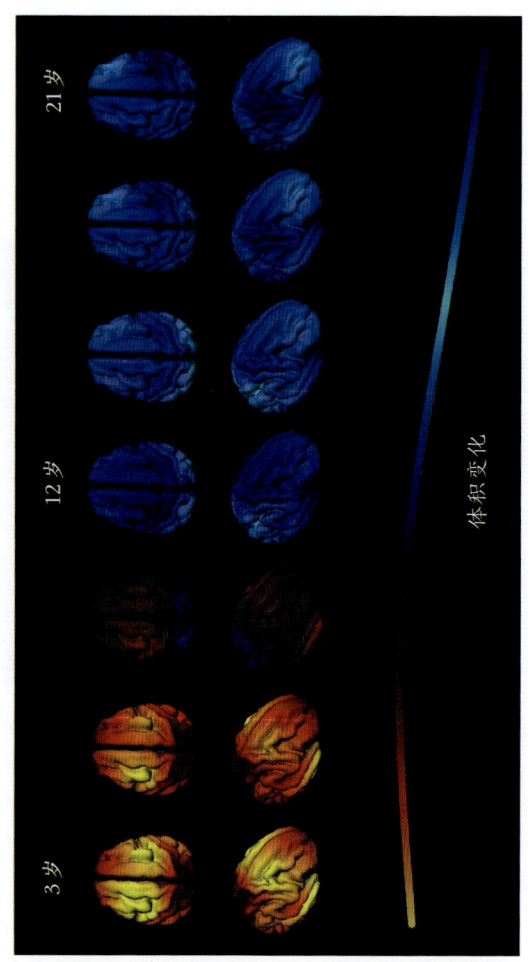

图10（彩） 人脑顶部和右外侧视角下皮层体积的变化情况。图中显示的是3—21岁人脑，以3岁为间距的变化率。色阶范围涵盖从每年体积增加2%（黄色）至减少2%（青色）。图像的下半部显示的是皮层总体积的发展变化。本图使用从免费开放访问的儿科成像、神经认知与遗传学数据库（Pediatric Imaging, Neurocognition, and Genetics, PING）获得的数据生成，*Neuroimage* 124, 149-54 (2016)。这张图包括了在10个地方收集的1234名参与者的数据。

来源：图片由Jay Giedd和Lara Wierenga友情提供。

SEX, LIES, AND BRAIN SCANS:
HOW FMRI REVEALS WHAT REALLY GOES ON IN OUR MINDS

读心的机器
fMRI如何揭示大脑到底在想什么

〔英〕Barbara J. Sahakian，Julia Gottwald 著

禤宇明 等 译 / 傅小兰 审校

中国轻工业出版社

图书在版编目（CIP）数据

读心的机器：fMRI如何揭示大脑到底在想什么／（英）芭芭拉·J.萨哈金（Barbara J. Sahakian），（英）茱莉亚·戈特瓦尔德（Julia Gottwald）著；禤宇明等译. —北京：中国轻工业出版社，2020.8

ISBN 978-7-5184-2881-6

Ⅰ. ①读… Ⅱ. ①芭… ②茱… ③禤… Ⅲ. ①心理学 Ⅳ. ①B84

中国版本图书馆CIP数据核字(2020)第019866号

版权声明

Copyright © Barbara J. Sahakian and Julia Gottwald 2017
All rights reserved.
Sex, Lies, and Brain Scans: How fMRI Reveals What Really Goes on in Our Minds was originally published in English in 2017. This translation is published by arrangement with Oxford University Press. Beijing Multi-Million New Era Culture and Media Company, Ltd. is solely responsible for this translation from the original work and Oxford University Press shall have no liability for any errors, omissions or inaccuracies or ambiguities in such translation or for any losses caused by reliance thereon.

总策划：石　铁
策划编辑：孙蔚雯　　　　责任终审：杜文勇
责任编辑：孙蔚雯　　　　责任监印：刘志颖

出版发行：中国轻工业出版社（北京东长安街6号，邮编：100740）
印　　刷：三河市鑫金马印装有限公司
经　　销：各地新华书店
版　　次：2020年8月第1版第1次印刷
开　　本：880×1230　1/32　印张：5.375
字　　数：90千字
书　　号：ISBN 978-7-5184-2881-6　　定价：38.00元
读者热线：010-65181109，65262933
发行电话：010-85119832　传真：010-85113293
网　　址：http://www.chlip.com.cn　http://www.wqedu.com
电子信箱：1012305542@qq.com
如发现图书残缺请与我社联系调换

191056Y2X101ZYW

译 者 序

"你知道我在想什么吗?"这是学习心理学后我时常被人问及的一个问题。对于洞悉别人思想的"特异功能"(也被称为"读心术"),人们似乎相当纠结,既十分好奇和向往,又心存疑惑和恐惧。现在,科学家研究出了一种能够"读懂"大脑的技术,即功能性磁共振成像(functional magnetic resonance imaging,fMRI)技术。它使我们能够无创地对大脑进行扫描,实时观察大脑活动,并较为准确地推断实验参与者脑中所想之物。"读心"可谓是 fMRI 技术最令人瞩目的应用领域之一。本书正是介绍这方面内容的大众科普力作!

本书简明地介绍了 fMRI 技术的基本原理,阐释了 fMRI 技术在揭示人类大脑功能方面可以发挥的重要作用。本书重点呈现了种族偏见、错误记忆、谎言、自我控制及道德违反等领域最新的脑科学研究进展;同时,本书也讨论了 fMRI 技术应用中所涉及的重要伦理问题,以及现有研究所面临的数据过于复杂等挑战；最后，本书着重介绍了 fMRI 技术还不太明朗的应用前景——未来或许可以作为"测谎仪"，或是作为商业营销的有效辅助工具。

本书作者是该领域的领军人物——英国剑桥大学的芭芭拉·J. 萨哈金（Barbara J. Sahakian）教授和她的研究生茱莉亚·戈特瓦尔德（Julia Gottwald）。芭芭拉·J. 萨哈金拥有剑桥大学的博士学位，是剑桥大学精神病学和行为与临床神经科学研究所的临床神经心理学教授、阿登布鲁克医院的荣誉临床心理学家、复旦大学名誉教授，以及上海交通大学医学院的咨询教授。她还是英国医学科学院院士、英国精神药理学协会的前任主席、国际神经伦理学会的现任主席。

这本书曾荣获 2017 年英国心理学会图书奖。中文译本是我们研究团队集体努力的成果。副研究员禤宇明博士翻译了第一章、第二章以及篇首语和致谢等；副研究员刘烨博士与硕士生张子健和代璐瑶翻译了第三章和第四章；副研究员赵科博士与硕士生龙正坤翻译了第五章，并与硕士生代璐瑶和中学生马雪儿翻译了第六章；研究员付秋芳博士与本科生王一帆翻译了第七章和第八章；我本人则负责全书的审校。虽经多轮反复审校，但由于译者众多，且翻译和审校时间只有短短 4 个月，译文中难免存在一些问题与不足。

这本书语言通俗易懂，且不失幽默风趣，读起来令人爱不释手。所有对脑科学领域感兴趣的读者都不妨一试，必会开卷有益。对于认知神经科学、心理学、生物学等脑科学相关专业的学生与研究者，本书也有极佳的启示作用，可作为这些相近专业的教辅推荐读物。

最后，我谨代表我们研究团队感谢"万千心理"，感谢所有参与成书的朋友们，当然更要感谢阅读这本书的亲爱读者！

傅小兰

中国科学院心理研究所

中国科学院大学心理学系

2019年8月31日

谨将此书献给我的朋友和家人，
尤其是献给特雷弗、杰奎琳和米兰达·罗宾斯，
以及理查兹·萨哈金，
他们一直在激励和鼓舞我。

芭芭拉·J. 萨哈金

献给我的家人，他们让我沐浴爱与支持。
献给我的朋友们，我需要他们的奇思妙想。
献给卡尔，他让生活充满阳光。

茱莉亚·戈特瓦尔德

"人们很容易就因为这个吸引人眼球的标题就拿起这本书来读。然而，一旦拿起这本书，就放不下了。本书介绍了脑科学的最新进展，涉及人类最常见的弱点，包括偏见、说谎、冲动的决策和道德行为失误。它向读者介绍了主要从 fMRI 的应用中产生的见解。它强调了这种技术的魅力——可以揭示人类大脑的某些隐藏功能，尤其是可以获得大脑赖以生成复杂行为的神经代码的关联数据。本书还强调了这类研究所涉及的挑战，这些挑战使 fMRI 数据的解释变得复杂。最后，本书着重介绍了 fMRI 的新应用，包括作为测谎仪或商业产品的辅助营销的有效手段之一，及其存在的潜在问题。本书由剑桥大学的芭芭拉·J. 萨哈金教授和她的研究生茱莉亚·戈特瓦尔德共同撰写。本书是神经影像学研究重大进展的重要科普著作，尤其适合那些希望深入了解众说纷纭且噱头十足的大脑研究的读者。"

——约翰·H. 克里斯托（John H. Krystal），医学博士
耶鲁大学医学院精神病学系主任
小罗伯特·L.麦克尼尔（Robert L. McNeil, Jr.）转化研究教授

致　谢

我们感谢特雷弗·罗宾斯（Trevor Robbins）[①]对本书最终稿提出的宝贵意见，感谢赫尔曼·豪瑟（Hermann Hauser）[②]、克里斯蒂安·雷杰普（Cristian Regep）和马丁·杜克（Martin Ducker）所做的有益讨论。我们也感谢同事和学生们，他们致力于研究正常人和患者的大脑，我们也感谢志愿者为科学研究慷慨

[①] 英国剑桥大学认知神经科学教授，现任英国心理学会理事、英国药理学学会理事、英国医学科学院院士、英国皇家学会院士。他于2011年获美国心理学会颁发的杰出科学贡献奖，2012年获欧洲大脑研究基金会颁发的"大脑奖"，2015年获英国精神药理学协会"终身成就奖"，2016年获得罗伯特·萨默斯精神分裂症研究奖，2017年获得美国生物精神病学学会颁发的金奖，最近获得了帕特里夏·戈德曼－拉基奇（Patricia Goldman-Rakic）的认知神经科学杰出研究奖。——译著注

[②] 英国皇家工程院物理研究所和剑桥大学国王学院的荣誉院士，英国ARM公司创始人。——译著注

奉献了他们的时间与支持。最后，我们感谢剑桥大学的副校长以及宣传与节日部的员工为让公众走近科学所付出的不懈努力。

目 录

第一章　神经科学如何对社会产生影响？……………… 1

第二章　神经科学家可以读懂你的心思吗？…………… 15
　　　　读心有多大可能成真呢？……………………… 17
　　　　局限性…………………………………………… 21
　　　　正确应用与滥用读心术………………………… 25

第三章　你的脑子里藏着种族偏见吗？………………… 27
　　　　用神经科学的方法测量隐藏的种族偏见……… 29
　　　　种族偏见可以被改变吗？……………………… 33
　　　　我们为什么需要思考种族偏见？……………… 37
　　　　筛选种族偏见？………………………………… 39

第四章 完美的测谎仪? ································· 45
我们多久说一次谎? ································· 46
怎样检测谎言? ······································· 50
说谎的大脑网络 ······································· 52
fMRI测谎的精准度 ··································· 54
局限性 ··· 58

第五章 你的大脑有多道德? ····························· 65
不同类型的道德决策 ································· 68
道德意图 ·· 69
寻找道德中枢 ·· 70
道德异常 ·· 72
道德异常是一种借口吗? ···························· 75
道德改变 ·· 78
潜在风险 ·· 83

第六章 你能控制自己吗? ································ 85
大脑中的控制中心 ···································· 88
失控? ·· 93
我们可以控制"自我控制"吗? ···················· 98
我们到底有多大的控制力? ······················· 108
获得控制权 ·· 111

第七章 看看你的大脑，我就知道你要买什么？ ……………… 113
　　超越传统手段 ……………………………………………… 115
　　fMRI在市场调研中的应用 ………………………………… 117
　　神经营销的未来 …………………………………………… 122
　　神经营销合乎伦理吗？ …………………………………… 126

第八章 我们会去向何方？ ……………………………………… 131

注释 …………………………………………………………… 139

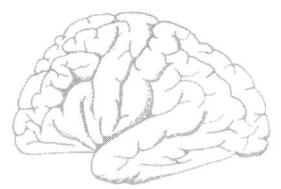

第一章

神经科学
如何对社会产生影响?

HOW DOES
NEUROSCIENCE
IMPACT SOCIETY?

如果有可能,你希望自己变得更聪明吗?想象一下,如果你扫描了自己的大脑,发现有些神经回路的工作状态不是很理想,你会不会定制认知增强方案,即利用药物或者电击使神经回路的状态尽可能达到最佳?大脑扫描能帮你找到与你的神经特征匹配的一生至爱或者完美工作吗?如果我们能应用某种读心装置来筛查恐怖分子,又会怎么样?得益于科学技术以及复杂数据分析方法的快速发展,这些设想很可能在未来的某一天变成现实。

神经科学领域最具有影响力的技术是功能性磁共振成像(functional magnetic resonance imaging,fMRI)。全世界的神经科学家都在使用fMRI以及其他技术来观察大脑的活动。每一天,我们都能读到振奋人心的神经成像的新成果。这些研究揭示了我们的感情、思维和行为的奥秘。通过增进对健康大脑的神经回路及其中包含的化学物质的了解,我们还可以开发神经疾病和精神障碍的新疗法。我们应该感恩神经成像技术给我们带来了今天的诸多可能,而在50年前,这些是不可思议的。在这之前,神经科学家只能依靠更死板的方法来了解神经系统。那时,探究人类大脑解剖结构的唯一途径是等待某个人死亡。我们从尸体解剖研究中获得了令人惊叹的真知灼见，但这类研究进展缓慢，而且无法为我们提供更多关于脑区功能的知识。虽然我们时常会忘记神经成像技术是如何让这个领域脱胎换骨的，但正是凭借神经成像技术，我们才得以首次观察到活体人脑。

在某些情况下，神经成像方法能提供的重要信息是其他方法无法提供的。2005年，剑桥大学医学研究理事会（Medical Research Council，MRC）认知与脑科学中心以及列日大学（University of Liege）的阿德里安·欧文（Adian Owen）、约翰·皮卡德（John Pickard）及其同事一起完成了一项开创性研究。他们检查了一位遭遇交通事故的23岁的女子。她的大脑严重受损，事故发生的5个月后，临床评估认为她处于植物人状态。研究人员要求她想象自己在打网球，同时扫描其大脑。出人意料的是，她的大脑中与运动控制有关的区域激活了。当要求她想象进入其住所的各个房间时，与空间导航有关的脑区激活了。而且她的大脑的激活模式与健康的对照组参与者完全一样，因此该女子一定还具备有意识的觉知。[1] 对于这种觉知的检测无法通过传统的临床评估进行，却可以通过 fMRI 技术实现。

剑桥大学医学研究理事会认知与脑科学中心的马丁·蒙蒂（Martin Monti）与列日大学的奥黛丽·范豪登胡依（Audrey Vanhaudenhuyse）把上述研究发现又推进了一步。他们想看看是否可以利用大脑的激活模式与临床上处于植物人状态的病人进行交流。结果表明，54个受测病人中有1人能够学会通过激活脑区来回答是否问题。研究者指示他，当他想对某个问题回答"是"时，就想象正在打网球，而想回答"否"时，则想象正在城市中或自己家里穿行。因此，研究人员确实可以利用这种技术来解码病人的答案。[2]

这些非凡的发现十分振奋人心。这些病人的大脑受到损伤，而且临床专家组的结论是他们已经丧失了意识，但是 fMRI 的结果一清二楚地表明，这些病人不仅有意识，还能够与外界交流。这种独特的沟通方式可以评估病人是否感到疼痛，以及他是否有什么愿望。fMRI 也许可以让我们与一小部分被认定为无意识的病人重新实现沟通。

类似这样的发现可以说明神经成像是怎样从根本上改变了我们对思维、动机和行为的理解的。诸如 fMRI 这类的神经科学方法让我们可以探究某种特定的心理加工所涉及的神经回路。当然，我们也可以别具一格地提出新的研究问题。比如，我们可以进入参与者的潜意识，研究他自己浑然不觉的加工过程。参与者有时可能在竭力隐瞒什么，比如某一事件的真相或者种族主义的世界观，这种隐瞒必然影响研究者对其行为的评测结果。传统的心理学研究通常会面临这样的限制，而神经成像技术则可以克服这一点。

这些令人兴奋的发现也令媒体兴致盎然。优秀的科学专栏作家通常可以根据科学证据推出结论，并不偏不倚地传播这些研究发现。然而，有时候，这些发现却被孤立于其研究背景之外，或者遭到过度诠释，部分原因是科学家自己没有足够清楚地阐明他们的发现。神经成像技术错综复杂，有时甚至令人费解。在这本书里，我们将描述一些最鼓舞人心的 fMRI 研究以及这些研究的真正意义。比如，fMRI 会使读心成为可能吗？大脑扫描能否揭示你是不是在撒谎？我们能否窥探你的大脑并知道你想买什么呢？

如果把报纸上科技新闻的头条看作闪烁的广告牌，那么在这些广告牌背后，有不知疲倦地工作的技师在确保电路的正常运转并建立新的连接——这些技师就是科学家。通常，广告牌透射出来的光能够比较好地代表电路情况，但有时也会出现偏差。在这本书里，我们试图带你走访广告牌背后的技师。我们想向你展示科学研究是如何开展的，以及技师真正看到的景象，即他们所建立的电路连接。重要的是，这些连接始终在更新和变化。科学是动态的。新的发现更新着我们的知识，有时甚至可以淘汰旧的理论。有时候，在众多解释具体科学发现的理论之中，我们无法确定哪个理论最好，因为不同的理论都有其相应的支持证据。

这本书只是对一些最振奋人心的科学研究及其可能启示的简要介绍，而非对于神经科学领域研究的全面记录。因为有很多这样的研究为理解和预测人类行为开创了全新的思路，所以这些研究会触及从未有过的伦理问题。我们必须保证对神经科学的应用是为了社会的福祉，而不是带来始料未及的伤害。我们必须确定在哪些地方需要循规蹈矩，又应该在哪些地方热心地推动神经科学的应用。我们的目的是提供科学信息并让大家各抒己见。神经伦理问题不能只由科学家回答。寻求这些问题的答案需要神经科学家、伦理学家、政策制定者以及公众的通力协作。这本书不会提供这些伦理问题的确切答案。我们只是给予了读者基本的科学背景，并让读者经过深入思考而得出自己的意见。

首先，你需要理解 fMRI 的工作原理。这是一种用来测量和反映大脑活动的神经成像技术，它是与磁共振成像（Magnetic Resonance Imaging，MRI）的基础原理完全一样的技术。我们知道，有些人由于医疗原因需要进行 MRI 扫描。例如，假如你的孩子在游乐场磕到了头，随即不久开始呕吐，医生可能就需要用 MRI 来检查脑部是否有出血或肿胀。这种技术还可以检测肿瘤，检查内部脏器或者关节。人体的任何部位几乎都可以用 MRI 来检查。这其中的关键是"氢"。这种化学元素是身体的主要组成成分之一，它是水分子、脂肪组织以及蛋白质的一部分。在它的核心即原子核处，只有一个质子。

如果有强磁场和无线电波联合作用于这些氢质子，它们就会被迫离开自己本来的位置。我们可以把这些质子看作指南针的指针。如果你把一块强磁铁放在指南针旁边，指针就会指向这块磁铁。如果你进入 MRI 扫描仪，就会发生这样的事情——质子整齐地排列起来。现在想象你用手指拨动指针。与你的手指类似，MRI 设备的无线电波会迫使指针离开它原先的位置。当你移开手指，指针就会回到它原先的位置。同样，关掉无线电波之后，质子也会回到它们原先的位置。在复位的同时，质子会发送信号——另一种无线电波。MRI 设备可以检测到这种信号。重要的是，不同组织里的氢质子的表现会稍有区别，它们复位的时间取决于周围的组织。因此，不同组织的信号是有区别的。例如，我们可以在 MRI 扫描中清晰地分辨脂肪组织和骨骼，并检测身体结构上的异常。

相比之下，fMRI 追踪的是与血流量相关的变化。你的大脑一直在活动，即使在睡觉的时候也如此。大脑活动的变化取决于你在做什么。如果你开始做一项新任务，相关脑区的活动就会改变。如果某个脑区的活动比之前更强烈，它就需要更多能量，因此更多的含氧血会流入这个区域。含氧血和去氧血之间的区别之一就是它们的磁场特性。大体上，fMRI 设备通过捕获这些磁场差异来间接测量我们的神经活动。图 1 展示的是一台 fMRI 扫描仪——同一台机器可以用于结构性和功能性磁共振成像。实际上，研究人员通常在 fMRI 实验前会对头部进行结构 MRI 扫描，这样他们才能把大脑活动与解剖结构对应起来。

很多 fMRI 实验采用区组设计（block design）①。例如，你会进行某项任务 30 秒，然后休息 30 秒，研究人员就可以比较在执

---

① 在神经科学实验中，参与者每做一次反应称为一个试次（trial），若干个试次被定义为一个区组（block）。如果一个区组里的试次都属于同一类型，那么这就是区组设计。——译者注

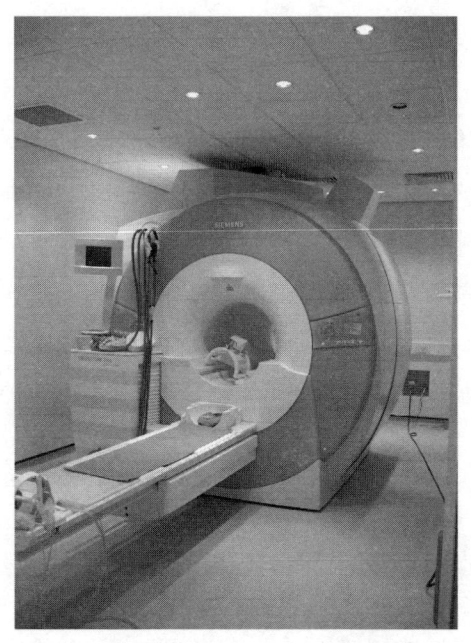

图1 剑桥大学的一台磁共振扫描仪。本书中提及的一些研究用到了这台设备。

来源：图片由剑桥大学沃尔夫森脑成像中心（Wolfson Brain Imaging Centre）的 Victoria Lupson 提供。

行任务时段与休息时段之间你的大脑活动的差异，以找出与执行该任务相关的脑区。另一种设计是事件相关 fMRI。这种设计往往是以随机顺序给参与者呈现单一的事件，而不是一个区组。例如，你先看到一张愉悦的图片，接着是一张不愉悦的图片，然后是两张愉悦的图片；而不是一整个区组的愉悦图片接着另一整个区组的不愉悦图片。两种设计各有利弊。区组设计往往无暇顾及惊讶这个要素——看过五张愉悦图片之后，你就会对第六张图片有明确的预期。与此相反，事件相关设计让研究人员能够以随机顺序呈现不同类型的刺激。然而，由于事件相关设计的重点放在单一事件上而不是区组上，所以研究的统计效力会被减弱。相比于对单一刺激的反应，大脑对一系列同类刺激的反应会更加强烈而且也更容易分析。[3]事实上，哪种实验设计更合适，取决于具体的研究问题。

以上这些就是fMRI的基本原理。不过像其他技术一样，它也有不足之处。fMRI生成的数据十分复杂，需要训练有素的研究人员用复杂的软件加以细致地分析。大脑大约有860亿[4]神经元，它们构成不同的脑区和网络。我们没法用fMRI来测量单个神经元的活动，但是我们可以把大脑看成由一个个小小的立方体组成，每个立方体就是所谓的体素。体素的大小取决于实验所采用的技术。通常，一个体素，即一个立方体的每条边大约有几毫米。一个体素中就包含了上百万个神经元，具体数量取决于体素的大小以及涉及的脑区。

我们检测到的信号来自一大片的神经元以及这些神经元在给定时间内的活动。如前所述，人类大脑包含数不胜数的神经元，体素的数量也成千上万，而我们检测到的信号是很多体素共同作用的结果。研究人员需要对这些信号进行统计计算和分析。而统计检验的轻微差别会导致迥然不同的结果，因此细致且恰当的分析尤为关键。

fMRI 的空间分辨率是相当好的，这意味着我们可以对大脑信号进行比较精准的定位。但是相比之下，fMRI 的时间分辨率就逊色很多了，因为神经活动与 fMRI 所测的血流变化之间有延迟。研究人员在分析数据的时候已经考虑到了这一点，但这一不足意味着 fMRI 无法检测到一些稍纵即逝的神经事件。

fMRI 技术的另一个不足是几乎无法建立因果关系。例如，假设扫描某个参与者的大脑的时候发现了异常激活，同时他也表现出了异常行为，但是我们几乎无法判断到底是哪一个异常导致了另一个异常。可能是大脑的异常活动出现得更早一些，异常行为作为后果随后出现；但也可能是做出异常行为本身改变了大脑的激活状态。总的来说，大脑活动和行为之间是相关关系，因此无法提供直接的因果证据。

此外，大多数神经成像研究侧重于组间而不是个体间的差异。由于个体差异很大，我们需要扫描许多参与者才能发现普遍的模式。通常，研究人员会比较两组人，比如一组是对照组，另一组是病人。这种侧重于分析每组平均激活水平的分析方法预示着我们几乎无法针对个体下结论。假如一组 30 人的参与者表现出了某个脑区的特定激活模式，然后你又扫描了一个参与者，但是你发现他的大脑的这个区域没有激活。这是一个很严重的问题吗？其实不然，因为每个人的大脑结构和功能可以有些许差异。

在解释 fMRI 的研究结果时，我们应该牢记上述不足。虽然

fMRI通常被当作客观的"硬科学证据",但它也会犯错。我们需要在特定情境中以批判的眼光解释fMRI的研究发现。尽管那些描绘大脑激活状态的图像非常生动,看起来更令人信服,但是我们不能因此简单地全盘接受。已有研究发现,相比于只有条形图或什么图都没有的论文,有脑成像图片的论文读起来似乎有更强的科学性,虽然脑成像图片本身并没有附带额外的信息[5](后来的另一项研究没能重复出这个效应,却发现使用神经科学的语言可以让一个糟糕的解释变得更有说服力[6])。人们喜欢"硬证据",而一幅脑成像图片(或者使用神经科学的语言)似乎可以帮助我们达到这个目的。但是不管大脑图像多么赏心悦目、多么有说服力,它终归无法解释一切,也必然不是完美无瑕的。

讨论大脑,不可避免地要用到关于脑区的一些标准术语。这些术语自成逻辑,如果了解这个逻辑,你就能够根据脑区的名称进行定位。你需要了解的术语如图2所示:

- 背侧(dorsal,源自拉丁文dorsum,意为背部):当你仰头的时候,这些脑区在你的脊柱方向。
- 腹侧(ventral,源自拉丁文venter,意为腹部):当你仰头的时候,这些脑区在你的腹部方向。
- 外侧(lateral,源自拉丁文latus,意为侧部):这些脑区朝着大脑的左侧或右侧。
- 内侧(medial,源自拉丁文medius,意为中央):这些脑区在与前额和下巴的连线平行的大脑中央部位。

最后,大脑的外层称为大脑皮层或简称皮层。在这本书里,很多成像研究都涉及大脑皮层。人类的前额叶皮层尤其发达,它是我们的高级认知功能(比如决策、计划以及问题解决)的基础。这些就是我们大脑解剖结构的基本知识。现在你应该可以知道譬如背外侧前额叶皮层或腹内前额叶皮层的位置。

在仔细审视神经科学研究之前,还要指出一点,在讨论fMRI研究和解释其结果的时候,我们聚焦于大脑的活动。没有大脑,就没有我们的意识、人格以及对自我的感受。我们的心智正是我们运转中的大脑——心智与大脑是不可分割的同一个实体。我们在观察大脑的同时,也在观察我们的心智。因此,用诸

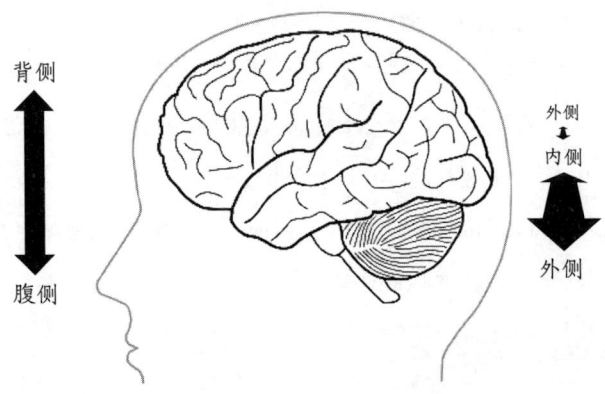

图2 表示大脑的背侧—腹侧以及外侧—内侧两个维度的示意图。

如"我的大脑让我这样做"的话来合理化我们的行为是没有道理的。心智和大脑紧密相连。没有心智，大脑可以存在（人死了以后）；但没有工作中的大脑，心智就不可能存在。其实，大脑与心脏类似。心脏可以自己独立存在，就像没有神经电活动，大脑也可以存在。但是心脏如果不在工作，就不可能有心跳，同理心智也不可能独立于大脑而存在。理解并接受这样的关系是我们理解人类行为的关键。

基因以及大脑的结构与功能的变化可能会让我们变得更脆弱，也可能让我们的适应能力更强。一些神经成像研究探究了以下问题：什么因素在激励和驱动我们？为什么我们做出了这样的决策和选择？我们能否预测人们的行为？我们从这些研究当中能够领悟些什么？

到这里，基础知识就学完了，下面让我们潜入神经科学研究的海洋，看看迄今为止，都有什么发现。

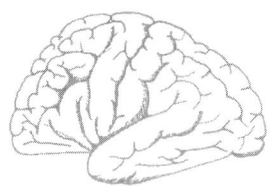

第 二 章

神经科学家可以读懂你的心思吗?

CAN NEUROSCIENTISTS READ YOUR MIND?

我们每一个人都会读心术。每一天我们都在读心，我们在社会团体中的沟通与合作能力就依赖于读心术。我的老板如何看待我？我的搭档高兴吗？我儿子在橄榄球比赛之后会不会跑到喧闹的大街上？也许你对此浑然不觉，但是每当你与他人发生互动的时候，你都在加工大量的社会信息。你的大脑如同侦探，会基于诸如面部表情、身体语言、语调以及你以前对某个人的了解等证据来猜测他人的思维和心理状态。这些因素拼成了一幅更大的图景，我们大部分人都可以驾轻就熟地从中推出正确的结论，从而读懂别人的心思。

只有在观察那些缺乏读心能力的人时，我们才能意识到自己所具备的这种侦察能力。某些精神障碍，比如自闭症，会严重损害社会认知能力。大部分自闭症患者很难理解同伴的想法和情感。他们对面部线索的理解没有普通人准确，[1]很难设身处地从别人的角度思考问题,[2]也不容易建立人际关系。这些都充分说明了社会认知对我们的日常生活有多重要。

虽然我们能熟练地运用读心术，但我们的读心能力远没有达到完美的程度。读心失败司空见惯，有些人还能令人惊叹地隐藏其真实情感。对于从事某些职业的人来说，譬如政客、演员还有扑克牌玩家，隐藏情绪是职业要求的拿手好戏。如果有一种读心术，不仅客观准确而且科学，你觉得会怎么样？这种设想既可能是美好梦想，又可能变成梦魇：毋庸置疑，这种技术大有裨益，但如果落在不法分子手里，就有被滥用的危险。

读心有多大可能成真呢？

一些科学研究探究了读心的可能性，这吸引了媒体的广泛关注。报纸的标题声称我们现在拥有一台"能够读懂人们意图的大脑扫描仪"，[3]或者声称"我们的思维能够被读懂：这些是置身磁场扫描仪中的人类大脑的真实图片"。[4]但是读心的科学证据是什么呢？

很多研究试图预测参与者的行为。在参与者执行某些任务的同时，fMRI设备把他们的大脑活动记录下来。科学家经常使用的一种分析方法叫作机器学习，这种方法无须事先为计算机设定解决问题的方案。计算机利用输入的训练数据集进行学习，随着时间的推移逐步改善模型，然后利用模型对新数据做出预测。这种方法非常有用，因为模型很灵活，它由数据驱动，而不受限于研究人员的假设。机器学习技术已经被广泛应用于很多领域，比如在线搜索引擎及自动驾驶汽车的优化。同时，机器学习也成了科学研究的一个重要工具。

在早先的读心实验中，马克斯·普朗克研究所（Max Planck

Institute）人类认知与脑科学中心的约翰·迪伦·海斯（John-Dylan Hayes）及其同事已经能够预测：如果给你看两个数字，你想做加法还是减法，[5]或者是你想按左键还是右键。[6]这听起来与好莱坞惊悚片有云泥之别，但在十几年前，这已经是相当了不起的成就了。从那以后，技术和计算能力的巨大进步让我们逐步得以解码更精细的心理活动。

要想"偷窥他人的想法"，一种方法是找出这个人正在琢磨的名词。2008年，卡耐基梅隆大学的汤姆·米切尔（Tom Mitchell）及其同事报告了关于心理状态解码的一项突破性进展。[7]他们邀请了9名参与者参加fMRI实验，实验中的每一个参与者都会看到60个不同的名词。参与者需要在看到名词的时候想象每一个词的属性，比如，当他们看到"城堡"这个词的时候，他们可能会想到"骑士""寒冷"和"石头"。除了两个名词之外，参与者对于其余的每个名词的大脑激活模式都被输入计算机模型。基于其他58个名词的激活模式，模型预测了那两个被排除在外的名词的激活模式，然后将预测结果与这两个词的实际扫描结果对比。平均来看，计算机的正确率大概有70%。这似乎是小菜一碟。接下来，研究人员用60个词中的59个词来训练模型，然后让计算机预测哪个词与一个新的激活模式相匹配——这次计算机需要在1001个词里挑选。在这种情况下，计算机做得还是跟先前一样好。令人叹为观止，是吧？尽管如此，我们不能忽略，有大约1/3的时候计算机都犯了错，因此计算机的读心术还不够完美，还需要大量训练。事实上,我们的思维比单词复杂得多。因此,要解码某种心理状态,我们还需要更精妙的技术。

加州大学的杰克·格兰特(Jack Gallant)小组已经开发了一种令人惊叹的方法,仅仅根据参与者观看短片时的fMRI记录就可以重构所观看的电影短片。[8]参与者是3名研究人员,也是该论文的作者。他们首先观看了计算机知道的一系列电影预告片,把这些预告片和大脑激活模式关联起来。训练阶段之后,参与者观看了另一系列电影短片,不过这一次计算机对电影预告片的内容一无所知,它需要利用已知的关联来重构这些电影。如图3(彩)所示,重构的结果有点模糊。你能猜出原来的预告片长什么样吗?你可以通过阅读彩图标题找到答案。不过大脑信号还是太复杂了,fMRI技术没办法捕获那些转瞬即逝的神经传导。虽然可能还有很长的路要走,但我们现在取得的成就已经相当了不起了。技术一直在进步,这可能仅仅是开始而已。

视频短片重构或许可以用来重现我们的"内心中的电影":梦和记忆。堀川友慈(Tomoyasu Horikawa)领导的日本研究小组在2013年尝试进行了读梦研究。他们在3名参与者睡眠入梦的时候扫描了他们的大脑活动,然后唤醒他们并让他们描述梦境。参与者需要这样重复200多次,研究人员才能获得质量比较好的数据。有的梦境很普通("我看到我在吃酸奶或者我看到了酸奶"),也有不太寻常的梦境("我在一座小山上看到了一尊青铜塑像之类的东西……")。然后研究人员根据关键词(比如"食物"或"地理构造")对梦境的内容进行分类。接着研究人员给参与者看每类梦境相关事物的照片,同时再一次扫描参与者的大脑活动。计算机会对比参与者在清醒状态下看照片时的大脑活动与做梦时的大脑活动,并预测梦境中是否出现了某项特定的内容("这个人梦到食物了吗?")。模型的预测并不完美,正确率还差强人意,大约是60%。[9]这个研究的一个显而易见的不足之处是不够客观。参与者需要向研究人员描述他们梦境的内容,而这些报告又构成了这个研究的一个重要的数据集。但是谁知道我们能有多准确地记住自己的梦?迄今为止,对此还没有客观的测量方法。即便如此,这个研究还是为我们分析内部心理表征提供了一种新的可能性。

根据上面的介绍我们已经知道,神经科学家能够比较好地预测简单直接的想法。但是这些想法中没有包括心理状态中的一个主要和重要的组成部分——情绪。当你的老板说,他对你的工作进展感到很高兴时,我们可以用读心装置来确认令他高兴的的确是你的工作(而不是因为他下午打了高尔夫)。但是这是否能说明他是真的高兴呢?在这里,我们需要确认的是另一种信息——他的情绪。卡耐基梅隆大学的卡里姆·卡桑(Karim Kassam)和他的同事招募当地社区的演员做参与者,并成功窥探了他们的情绪。他们要求演员在扫描仪中进入九种不同的情绪状态(愤怒、厌恶、妒忌、害怕、快乐、欲望、骄傲、悲伤和羞耻)。在进入扫描仪之前,这些演员自己准备了一些场景,他们在实验中通过想象这些场景来达成这些情绪体验。研究人员要求参与者主动沉浸在这些情绪之中，而不只是假装这些情绪。实验一共有100多试次，而且顺序随机。

随后，他们的实验数据被输入计算机。计算机通过学习这些数据逐渐优化模型。如果与同一个参与者先前试次的扫描模式进行比较，模型将参与者当前的扫描模式识别为某种情绪的正确率大约为80%。更让人惊讶的是，如果把一个参与者的神经模式与其他参与者的扫描结果做比较，模型的平均正确率还能达到70%。看起来，情绪在个体之间（或者至少在不同的演员之间）似乎具有相似的神经基础。相对而言，个体之间的愤怒情绪更相似，而羞耻情绪的相似度较低，但整体上，模型对九种情绪的预测准确率都达到了令人叹服的程度。[10]

局限性

近来的这些研究进展无疑十分引人瞩目，但它们只适用于严格限定的情形。特别是对复杂思维而言，没有普适的方法，因为和身体其他部位一样，我们的大脑是有个体差异的。你吃酸奶时（尤其是当你正在减肥，边吃边感到惭愧的时候）的神经表征可能与你的邻居不一样。迄今为止，计算机未经训练是无法处理这种变异的。在前面提到的研究里，参与者需要经受长时间的 fMRI 扫描；他们观看了很多视频短片，或者不断地从睡梦中被唤醒。这种初始训练对模型来说很重要，这样模型才能适应每位参与者个性化的激活模式，从而"了解你"。因此，想要在别人不知不觉的情况下应用这些技术去读心，在今天仍旧是天方夜谭——如果让你在一个聒噪的大型 fMRI 扫描仪里待上数小时，没完没了地进入梦乡又被惊醒，你肯定会满腹狐疑。

此外，当前广泛应用这种潜在的读心术是不切实际的。首先，fMRI 设备昂贵又笨重，无法随身携带。其次，它还需要一间特殊的隔离房、训练有素的人员以及复杂的分析。此外，参与者需要安静地在 MRI 扫描仪里躺相当长的时间，只有这样才能够达到比较好的扫描效果。这不仅对小孩子来说是一个挑战，有些成年人也需要付出努力才能够安静地躺上一会儿，尤其是那些有运动障碍的成人，比如注意缺陷/多动障碍（attention deficit/hyperactivity disorder，ADHD）患者。那么有没有更便捷的机器呢？比如只需要我们把脑袋的一部分放进扫描仪里。脑磁图（magnetoencephalogram，MEG）这类技术使这样的想法成了现实。与 fMRI 相比，MEG 测量大脑产生的磁场而不是血流。磁场的变化很快，所以这项技术能够检测大脑中快速的变化。实际上，MEG 的时间分辨率比 fMRI 有显著提升。但鱼和熊掌不可兼得：追踪大脑的磁场变化使得精确定位变得更为困难。有时，研究人员会把这两种技术结合起来，以利用两者的长处，但这样的做法并不常见，因为这不仅需要有不同的扫描仪，而且需要整合庞大的数据集。我们还在寻找神经成像的"圣杯"：一种不仅具有高时间和高空间分辨率，而且便宜、安全、易用且便携的技术方法。

当前已有一些新方法，至少可以用来克服不便携带这一问题。研究人员正在研发一些更新的技术，比如扩散光学断层成像（diffuse optical tomography，DOT），这种技术用的是光而不是磁。这些新技术的准确性几乎可以与当前这个领域的黄金标准——fMRI——相媲美。[11]

迄今目前，利用 fMRI 细致入微地读懂个体的思维还只是科幻小说。不仅 fMRI 的实验条件需要被严格控制，而且实验情境也需要被充分定义。前面提到过，计算机能猜出你看过的电影的模糊景象，或者是你的梦境里有没有出现食物。图 4（彩）所示的是阿德里安·欧文，他参加了我们在第一章里讨论过的关于植物人的那个引人瞩目的研究。他的照片旁边是他的大脑扫描结果，这幅图像是他躺在 fMRI 扫描仪里执行一项特定任务的时候扫描出来的。他邀请全世界顶尖的神经成像专家来辨别他在做什么。下面是专家给出的答案：

1. 记忆
2. 追踪屏幕上的刺激
3. 把注意从一件事情上转移到另一件事情上
4. 从两个反应中选择该做哪一个反应
5. 玩数独①

6. 转移注意

7. 对某个刺激做敲击手指的反应

8. 计数

9. 看令人厌恶的照片

10. 什么都没干

事实上,阿德里安·欧文在做什么呢?他在说谎!没有一个专家能够给出正确的答案。显然,专家们并不缺乏创造力,但如果对情境信息一无所知,那么他们当前不可能从大脑扫描结果中读懂他人思维。读心不可能孤立地发生,即使是使用最精妙的机器,也必须先了解参与者。但是,这个领域正在飞速发展。机器学习技术和新的成像方法可以克服读心术当前的不足。未来,你或许可以获悉你最喜欢的政客的真实想法,不管他的演技多么高超。

---

① 数独是一种数字游戏,玩家需要根据9×9盘面上的已知数字推理出所有剩余空格的数字,要求在每一行、每一列、每一个小九宫(3×3)内的数字均含1~9,而且不重复。——译者注

正确应用与滥用读心术

在技术开发领域,比如开发新成像技术或开发更好的计算机模拟方法,大多数研究人员都能恪守自己的价值观和伦理观。更好的技术可以使大脑扫描更安全、更简便、更经济,可以帮助我们增加对大脑以及内部思维过程的理解。在某些情况下,这些技术还可以让我们与那些处于昏迷或失语状态的丧失了言语能力的人交流。但是,这些技术也可能被滥用,尤其是当许多人突然间获准利用这些技术时。我们应该想一想,我们在什么时候有权保护自己思维的隐私?政府、组织或个人在什么时候有权读取我们的思维?在机场利用读心术来筛查恐怖分子符合伦理规范吗?很多人已经对全身扫描表示反感或厌烦,如果有机器可以窥探你的思维或者情绪,你会怎么做?

总之,作为社会的一员,我们需要讨论并确定负责且有益的技术应用与技术滥用之间的边界,为大脑扫描以及读心术的潜在应用建立明晰的伦理规范。

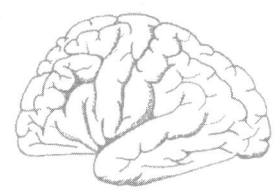

第 三 章

你的脑子里藏着种族偏见吗?

A RACIAL
BIAS HIDING
IN YOUR MIND?

你有种族偏见吗？如今，大多数人都会回答"没有"，但这取决于一个人怎么定义种族偏见。我们需要考虑两类种族偏见：外显偏见和内隐偏见。外显种族偏见是一种有意识的、故意的观念，它认为某一种族的全部成员都具有某种特定的品质，从而使该种族比其他种族更劣等或者更优秀。这种偏见有时候被叫作"过时的偏见"，因为根据自我报告问卷来看，这种偏见在一般人群中逐渐减少。[1] 多数宪法都宣告人人平等，很多社会都不会容忍外显偏见的存在。然而，来自政治和社会的压力可能只会导致人们不公开地、直白地承认自己是种族主义者，但这并不意味着人们私下里真的赞同这种社会价值观。

此外，大多数人可能并不认为自己是种族主义者，但这意味着他们会平等地对待所有种族的人吗？内隐种族偏见是一种针对特定种族的、无意识的、不被人们察觉的偏见，它会影响我们的行为，让一个人表现出种族主义倾向。如果我们能够意识到自己的偏见，我们就可以控制它，以避免做出违反道德或者社会规范的行为。通过本章的介绍，我们会发现各种种族偏见，即便是微小的、含蓄的偏见，也有可能使一些人仅仅因为其种族而受到贬低。种族偏见影响广泛，这里仅举了其中几个例子，如医疗卫生服务的提供、职位申请的机会或者法庭判决。因此,意识到这些种族偏见的存在非常重要。事实上,种族偏见往往比你想象的普遍很多。

用神经科学的方法测量隐藏的种族偏见

纽约大学的伊丽莎白·菲尔普斯(Elizabeth Phelps)于2000年开展了一项研究,参与者填写了一份测量种族态度的现代种族主义量表。[2] 量表中有很多陈述,例如,"在过去的几年中,政府和新闻媒体对非裔人表现出的尊重远超他们应得的。"所有参与者(均为欧裔白人)都报告了他们对量表中的这些陈述的赞同或反对程度。不出所料,他们报告的自我感知的种族偏见非常低。然而,他们的行为和大脑活动并不是这么回事。研究者并不只是简单地分析了参与者的自我报告,还采用内隐的方法测量了他们的种族态度。参与者需要在fMRI扫描仪里观看非裔男性和欧裔男性的照片。他们并不认识所看到的这些人:这些面孔选取自一本大学年鉴,其面部表情都是中性的。

研究者告诉参与者,这是一个记忆任务(事实上,参与者在进行了fMRI扫描后才填写了现代种族主义量表,所以他们并不知道这个研究其实是在考察种族偏见),参与者一次只看到一张面孔,并且要判断这张面孔与上一张面孔是否一样。之后,研究者关心的是参与者的脑部激活情况,并且比较了他们看非裔人与欧裔人面孔时的信号差异。[3] 研究者最感兴趣的脑区是杏仁核,它的主要功能是负责威胁性刺激的加工以及对重要的社会性刺激的探测。杏仁核深藏在大脑内部,它位于眼睛的后面,靠近大脑的中间。因为它的形状酷似一颗杏仁,所以叫它"杏仁核(amygdala,衍生自希腊语中的坚果一词)"。

杏仁核的激活与内隐联想测验(Implicit Association Test, IAT)测到的内隐种族偏见得分存在相关。内隐联想测验是在计算机上实施的测验,包含好几个阶段。现在想象你就是这个研究中的参与者。在任务的关键阶段,你会看到屏幕上有两对词语。例如,你看到屏幕左上角呈现"非裔人/坏的",右上角呈现"欧裔人/好的"。接下来,在屏幕中间会出现一些词语,你必须通过按键决定将这个词[比如"泰米卡(Temeka)"这个姓氏]归类为"非裔人"还是"欧裔人",或者判断这个词(比如"棒极了")是"好的"还是"坏的"。之后词语配对的类别会颠倒过来——"非裔人/好的"和"欧裔人/坏的"。图5展示了一些内隐联想测验的试次样例。

当你做完测验之后,研究者会检查你的反应时间。当要求你把"棒极了"归类为令人愉快的类别时,如果你对"欧裔人/好的"这个选项的反应快于对"非裔人/好的"选项的反应,就表现出了一种内隐的对非裔人的负性偏向(或者说是一种对欧裔人的正性偏向,这取决于你从哪个角度看待这个偏向)。推论的逻辑大概是这样:如果你原先就把欧裔人和好的事情联系起来,但是在非裔人和好的事情之间没有建立联系,你就会觉得"欧裔人

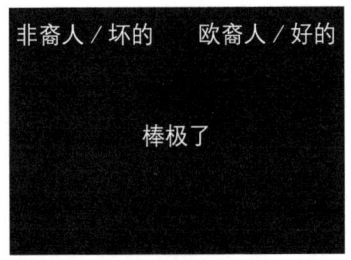 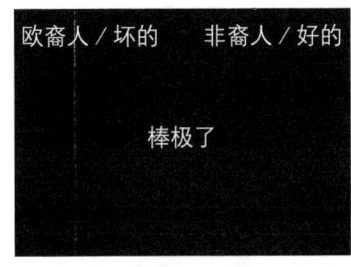

图5 内隐联想测验中的两个试次样例。如果你把积极词（例如"棒极了"）归类到"欧裔人/好的"里比归类到"非裔人/好的"里更快，那么你就可能有亲白偏向。
来源：图片由 Julia Gottwald 制作。

/好的"这个分类更容易，而"非裔人/好的"这个分类不那么符合直觉，所以分类所花的平均时间更长。[4] 如果你觉得你不可能有这样的偏见，你可以自己测试一下！几所美国高校合作研发了一款免费的在线内隐联想测验。

现在，我们先回到2000年发表的这项研究上。参与者在任务中对"非裔人/好的"（和"欧裔人/坏的"）的反应时间变长，这就是一种亲白偏向。在这里观察到的内隐偏见与问卷中报告的种族态度相互矛盾。这个效应本身很有趣，早在这个测验被提出伊始就已经广为人知。这项研究的非凡之处在于研究者将内隐联想测验的行为结果与成像数据相比较。他们的重大发现是：内隐测验中的亲白偏向越高，其杏仁核对非裔人面孔的激活程度就越强于对欧裔人面孔的激活。[3] 你可能觉得自己并没有偏见，但你的自动化反应和大脑信号很可能并不支持你的这个想法。

种族偏见的心理学基础是什么？我们已经知道杏仁核是产生种族偏见的一个关键脑区，但还有更多的证据提示外群体偏差是一种与恐惧相联系的反应。在一项研究中，来自牛津大学的西尔维娅·特贝克（Sylvia Terbeck）和她的同事让学生们完成了内隐联想测验。正如我们刚刚看到的那样，内隐联想测验在探测内隐种族偏见上相当有效（事实上，通过不同的实验设计，用内隐联想测验还可以探测与性别、年龄、体重、生理性征、宗教等因素相关的很多偏见——我们很多人都有各种各样的社会偏见）。有一半的学生在测试之前服用了安慰剂，另外一半学生服用了普萘洛尔（一种β受体阻滞剂，用于治疗高血压和焦虑症）。这种药不会影响外显的种族偏见或者心境，但是它确实显著减少了内隐种族偏见。[5] 恐惧和威胁加工似乎在种族偏见中扮演了非常重要的角色。

如果内隐联想测验或杏仁核对不同面孔的激活反应差异不足以说服你，那么接下来的这个研究可能会更有说服力。在中国北京，许晓婧（Xiaojing Xu）①所在的研究团队使用了一种不同的研究设计去考察共情。他们把中国人和高加索人②被棉签触碰脸或者被针刺中脸时的样子录成视频。正如你想象的那样，一种

---

① 许晓婧当时是北京大学的硕士研究生。——译者注

② 高加索人通常指白色人种。——译者注

刺激很疼，另一种则不疼。之后，他们把这些视频播放给另外一些中国参与者和高加索参与者。

共情是一个相当古怪的东西。你自己疼痛与你看到别人疼痛时激活的大脑神经网络十分相似，但是这只发生在你与对方发生了共情的时候。[6]这个中国团队想要弄清楚种族是否对共情有影响。确实，无论是中国人还是高加索人，在看到自己种族的同胞受到疼痛刺激时，大脑中与痛觉相关的脑区都出现了激活。但是当视频中受到疼痛刺激的人是另外一个种族时，这种激活就大大减弱了。[7]这就是非我族类，非我所痛吗？

种族偏见可以被改变吗？

这些研究似乎描绘出了一幅悲观的世界画卷，不同种族的人该如何相处呢？但事情还有转机。我们现在知道，频繁的外群体接触和交流可以降低负性偏见，改善我们对外群体的态度。一项利用大数据的研究发现了不同群体互动的巨大影响：增加接触可以减少偏见。[8]该观点最先在20世纪50年代由心理学家戈登·奥尔波特（Gordon Allport）提出。他认为，这种接触必须发生在"理想的条件"下，即：

1. 交流的双方必须具有平等的地位；
2. 这些团体都有共同的目标（例如，一起踢赢一场足球赛）；

3. 团体之间进行合作；
4. 具有来自官方、法律或者习俗的支持。[9]

在我们这个日益全球化的世界里，有人可能觉得这些条件的可实现性正变得越来越强。之后的痛知觉和共情实验研究也发现了一些有价值的结果。同样，实验参与者们还是会看到中国人和高加索人接受疼痛或非疼痛刺激的视频。然而这一次，研究者招募了一些与之前不同的参与者。他们只招募童年时在国外待过很长一段时间的中国人参与实验。这20名参与者分别在英国、美国或者加拿大长大，而这些国家的主要人口都是高加索人。令人吃惊的是，这些在海外生活了很长时间的人在看两个人种的视频时并没有表现出显著差异，他们在看到接受疼痛刺激的中国人和高加索人时，表现出了相同的大脑激活模式。[10]当然，这些疼痛共情的指标是否可以转变为在真实生活中偏见和歧视减弱的指标，还有待证实。但这看起来确实很有价值。如果确实如此，我们是否应该更加大力提倡跨群体间的沟通？改变种族偏见的一剂良方或许就是花时间在不同的文化里与不同种族的人一起生活。

这种跨文化经历的作用可能使人们对待其他种族的人的态度更加积极；或者这只是一个简单的熟悉程度的问题，因为熟悉而降低了威胁感。伊丽莎白·菲尔普斯及其同事在2000年开展的第一个关于种族偏见的神经成像研究已经揭示了该因素的巨大影响。关于这个研究，我们在本章开头只提了它的第一个实验,其实它还有第二个实验。不同于第一个实验里的不熟悉的面孔,第二个实验中的参与者看到的是知名度相仿、年龄近似的非裔和欧裔名人。而且这里呈现的都是口碑正面的名人,例如穆罕默德·阿里(Muhammad Ali)①、丹泽尔·华盛顿(Denzel Washington)②、哈里森·福特(Harrison Ford)③和约翰·肯尼迪(John Kennedy)④。令人惊讶的是,研究者没有发现在不熟悉面孔条件下所观察到的效应。参与者在看名人的时候没有表现出任何种族偏见。³ 这可能意味着先前拥有的关于一个人的知识会减少对此人的偏见。

原来,种族偏见修正起来比人们想象的容易得多。就连一些看起来完全随机的事情,比如人们听到的音乐,都能产生很大的影响。¹¹ 亚利桑那大学和英属哥伦比亚大学的乍得·福布斯(Chad Forbes)领导的研究团队招募了一些欧裔本科生,这些学生自我感知的种族主义水平很低,并且自认为有很高的动机来毫无偏见地做反应。这些学生被告知,有一个关于音乐对空间加工影响的研究,他们会看到非裔人和欧裔人的面孔,并且要报告面孔出现在屏幕的左边还是右边——这是一个相当简单的任务。在

---

① 美国著名拳击运动员,被誉为"拳王",非裔人。——译者注

② 美国著名男演员,非裔人。——译者注

③ 美国著名男演员,欧裔人。——译者注

④ 第35任美国总统,欧裔人。——译者注

整个任务中，要么不播放任何背景音乐，要么播放重金属或者说唱类型的背景音乐。

无论是看到欧裔人还是非裔人面孔，在没有背景音乐或者播放重金属背景音乐的条件下，参与者的杏仁核活动都没有表现出差异（还记得吗？这个长得像杏仁的脑区与对威胁的加工相关）。如果你对实验中的背景音乐感兴趣，实验所播放的那首重金属音乐是活结乐队（Slipknot）①的《唯一》（*Only One*）。这首歌在之前的评价中被认为可以诱发负性情绪，且与任何种族都无关。

然而当他们听到另一首会唤起负性情绪，且更符合对非裔美国人的刻板印象的歌时，情况就变得不同了。这首歌是嘻哈乐团N.W.A.②的《冲出康普顿》（*Straight Outta Compton*）。你如果感兴趣，可以去听听这首歌，不过要注意歌里涉及暴力和歧视女性的词语。这一次，面对非裔人和欧裔人面孔，实验参与者的杏仁核表现出了程度不同的激活。也就是说，就连一首歌这样看似无关的事物都能改变杏仁核的激活。这有点吓人，不是吗？

读到这里，你可能会更加担忧种族偏见的根深蒂固。我们之前介绍过奥尔波特的"接触猜想"，即与外群体接触会减少偏见。

---

① 美国重金属新浪潮的代表乐队之一。——译者注

② 全称 Niggaz Wit Attitudes，来自美国加州康普顿，以匪帮说唱的表演风格为特色。——译者注

你可能已经注意到了，很多研究种族偏见的实验都在用欧裔实验参与者来检验这个猜想。那非裔美国人是怎么看待其他黑色人种的呢？很遗憾，他们中的很多人在看到非裔人面孔时也表现出了比看欧裔人面孔时更强的杏仁核活动——他们也有亲白偏向。[12]当然，该效应并没有在所有参与者中都出现，还有一些研究发现了相反的结果。[13]但基于这个证据，我们就不能说导致偏见的原因单纯是缺乏接触，它一定还和文化学习有关，而这可能更难以克服。

我们为什么需要思考种族偏见？

且不论个人的观点和态度，为什么种族偏见如此重要？大量研究证明，这种无意识偏见的后果十分严重。一项由美国芝加哥大学的玛丽安·贝特朗（Marianne Bertrand）和美国麻省理工学院的森德希尔·穆莱纳森（Sendhil Mullainathan）于2004年开展的研究尤其具有说服力。他们向波士顿和芝加哥的企业雇主寄出了大概5000份简历，一些名字明显带有欧裔人色彩，例如，凯莉（Carrie）或者布拉德（Brad）；还有一些更像是非裔美国人的名字，例如，拉托娅（Latoya）或者贾马尔（Jamal）。研究者非常仔细地匹配了简历中的其他变量，比如工作经历、技能、参军经历和很多其他细节。最后，研究者制作了两组在统计层面完全相同的简历，唯一的区别就在于申请者的名字。之后他们计算了每份申请得到的回电数,结果非常令人震惊。在具有相同资历的情况下,虚构的欧裔申请者收到的回电比非裔申请者收到的回电多50%。[14]

或许企业的雇主确实有种族偏见,那经过医学院训练的医生肯定可以对所有人一视同仁吗?很遗憾,要让你失望了,就算是医生也会犯错。在乔治城大学医疗中心的凯文·舒尔曼(Kevin Schulman)主导的一项研究中,研究者邀请参加了1996年和1997年的两个学术会议的内科医生观看了一名胸痛患者(实际上只是一名演员)的问诊视频记录和医疗档案,之后要求医生做出诊断,并提出治疗方案。参加实验的720名医生没有一个人知道该研究的真实目的。视频中的演员会报告相似的症状,医疗档案也包含相似的信息。尽管如此,相对于非裔患者,这些内科医生更有可能对欧裔患者提出重要且有效的治疗方案(而且相对于女性患者,医生也更有可能为男性患者提出更有效的治疗方案,但这就是另外一个话题了)。[15]鉴于心脏病的危险性,该结果显得尤为令人担忧。

不平等的对待不仅局限于求职申请和医疗卫生领域。美国耶鲁大学的马文·陈(Marvin Chun)团队研究了法庭仲裁情境下的种族偏见。参与者(又一次,全都是欧裔人)会看到不同就业歧视的案件,并需要决定给非裔受害者的赔偿金额。另外,实验参与者还完成了内隐联想测验,并且在观看欧裔人或者非裔人面孔时接受 fMRI 扫描。之后,科学家们试图寻找内隐联想测验得分、大脑激活状况与赔偿金额之间潜在的联系。结果发现,内隐联想测验不能预测赔偿金额,但是 fMRI 信号可以。参与者观看非裔人和欧裔人面孔时的神经激活程度足以对他们给出的补偿金额做出预测。[16] 这表明,fMRI 可能是一个检测种族偏见的有效工具,比如,可以用这项技术来筛选陪审团成员。

筛选种族偏见?

值得注意的是,在上述研究中的参与者之间存在很大的差异,一些人表现出了比其他人更强的内隐种族偏见。我们是否应该利用这个信息,在任命拥有重要职权的职位之前,筛选没有偏见的人选?如果我们可以用大脑扫描来辨别这种歧视和偏见,我们要用它来筛查医生、教师或者法官吗?一些人可能在这种测试中表现出了内隐偏见,但是不会在行为上表现出来,因为他们知道这在道德上和社会规范上都是错的。扫描大脑和内隐偏见测试不能决定一个人是否是种族主义者,只有行为可以。我们中的一些人可能非常擅长执行认知控制,使自己避免基于种族而歧视别人。我们又该怎么测量这种情况呢?

采用大脑扫描来筛选人群的方法看起来并不合乎情理,而且也不可行。正如在第二章中所讨论的,fMRI 不仅昂贵,而且只能在固定的设备里操作。此外,就算我们可以做到采用一种可靠的方法对人们的种族态度进行常规筛选,但这样做是否明智?有必要这么做吗？我们能发现多少没有任何种族偏见的人？我们需要解雇多少能力完全胜任且受过教育的聪明人？这些人中的大多数都算不上恶毒，并不总是相信某一种族比另一种族优越。过时的种族主义正在消亡，如今，内隐的偏见更为常见，很多人甚至都未曾意识到这些偏见。让人们意识到这些偏见的存在是更明智的选择。人们在填写现代种族主义量表时可能没有撒谎，他们也确实认为自己会以相同的态度对待所有种族。但是这些探测不到的偏见可能具有更多潜在的危险，因为如果一个人意识不到这种偏见，就不会考虑这些偏见，也不会积极主动地避免偏见。开展教育和与外群体成员的正面沟通在消除这些偏见时起到了重要的作用，这比"把所有潜意识里有偏见并且对我们有重要影响的人都解雇了"现实得多。

好在那些关于名人和移民的研究表明，态度是可以改变的。而且，当要求实验参与者关注个体本身而不是种族时，他们的反应就会变得更加正面。美国普林斯顿大学的玛丽·惠勒（Mary Wheeler）和苏珊·菲斯克（Susan Fiske）向我们展示了这个效应。在她们的研究中，欧裔参与者在扫描仪里观看不熟悉的面孔图片，然后完成两个任务：（1）判断此人是否小于21岁；（2）判断此人是否喜欢某种蔬菜。第一个任务相对简单，不需要复杂的思考。而第二个任务特意强迫参与者关注面孔的个体特征，而不是种族特征。参与者必须十分关注这个人本身以及这个人的特质，并试图做出猜测，只靠单纯的刻板印象是不够的（当然你也可能会质疑，面部细节怎么可能给你足够的信息来判断一个人是否喜欢芹菜呢）。第一个任务的结果与之前关于种族偏见的研究结果类似，即观看外群体面孔时，杏仁核激活程度更高。然而第二个任务削弱了该差异；在大脑的某个区域甚至出现了反转。[17]这意味着我们不把某人看作某个种族的一员，而是努力把他当作单独的个体，对消除种族偏见有帮助。

如果我们能根据个人的优点和个性特征，而不是根据恐惧好斗的"大脑激活"或冲动来进行社交互动，这个世界不是更美好吗？既然这些神经科学的发现提醒我们存在种族偏见，我们该如何利用这些重要的发现去创造一个更加美好、更加公平、更有幸福感的社会呢？一些大学和机构进行了多样性训练。[18]这种训练不仅致力于消除外显的社会偏见，也能帮助人们变得更能意识到内隐偏见的存在。

我们也许能够"忘却"我们的偏见，甚至通过睡眠就可以做到。在一项由美国西北大学的胡晓晴（Xiaoqing Hu）①及其同事开展的研究中，参与者完成了一项反偏见训练课程。他们必须将非裔人面孔与积极词语相配对，比如"愉悦"或者"阳光"。此外，他们也完成了第二项训练课程，旨在减少一种常见的性别偏见：女性不擅长科学。每一种训练课程都与一种特定的声音相联系，一种对应种族偏见，一种对应性别偏见。这种训练对于在短

---

① 胡晓晴是美国西北大学的博士研究生。——译者注

期内减少社会偏见非常有效。但是一周之后,内隐偏见就又恢复到了原来的基线水平。

但是研究者想出了一个办法来解决这个问题:他们要求参与者在训练后小睡一会儿。当参与者进入深度睡眠阶段时,研究者会给他们重复播放与上述一种反偏见相联系的声音。研究者假设,这样可以再次激活这种反偏见训练的记忆,并强化学习的效果。确实,与小睡时给参与者播放的声音相应的偏见水平甚至减少得更多。而另外一种偏见水平则没有变化。一周之后,经过睡眠再激活的这种偏见的水平仍然低于开始时的水平,而另外一种偏见则恢复到了基线水平。[19]

该研究也留下了很多悬而未决的问题。这种效果能长期存在吗?为了获得持久的效果,我们需要训练多久?需要多少次再激活睡眠?被削弱的偏见对真实生活中的互动有显著的影响吗?未来的研究将会告诉我们能否"睡掉"我们的社会偏见。如果可以,这将是一种极为廉价且简单易行的改变人们态度的方法。这无疑令人十分激动,而且很有用,但也需要相关的新伦理准则。我们要避免发生《美丽新世界》(*Brave New World*)[①]里的情节,避免在人们睡觉时操控他们,避免让这些技术被一部分掌权者

[①] 由英国作家阿道司·赫胥黎(Aldous Leonard Huxley)创作的长篇小说,里面描写了一个几百年后的科技高度发达的极权社会,人在出生前就被设定好了思想意识。——译者注

控制。如果睡眠训练被证实是一种有效的技术，我们就需要相关机制去规范它的应用。毫无疑问，减少社会偏见是人类社会发展的非常重要的目标。正如我们已经讨论的那样，我们需要积极的行动方案和方法，去实现一个让人人都不需要隐瞒自己的性别、种族、宗教信仰和外表等就可以获得同等机会的公平社会。

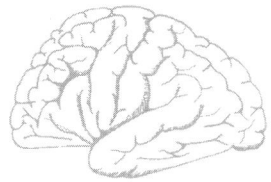

第四章

完美的测谎仪？

THE PERFECT
LIE DETECTOR?

你上一次说谎是什么时候？今天？上周？还是上个月？一项2002年的研究表明，或许你从没有意识到，你很有可能在最近一次交谈中就说了谎。[1] 有时，我们会通过提供虚假信息来欺骗别人；有时，我们会通过减少一些信息来误导别人；有时，我们为了显得有礼貌或是为了保护他人免受伤害，而说一些善意的谎言；有时，我们甚至欺骗自己。

我们多久说一次谎？

关于欺骗的科学研究是一个非常棘手的问题。如何确定成人的平均说谎次数呢？一些研究采取了匿名的方法来调查这个问题。美国密歇根州立大学的金·塞罗塔（Kim Serota）及其同事在2010年的一项研究中采用一些措施试图使研究设计尽可能谨慎仔细。这项"说谎调查"由1000名参与者完成。为了减少参与者对说谎这一主题的关注，"说谎调查"被隐藏在另外一些主题（膳食、猫咪产品和水质软化剂）的网络调查中。为了确保参与者在回答时使用相同的说谎定义，这项调查提供了很多关于说谎的示例，包括细微的和无恶意的谎言。除了上述举措，进行这项研究的科学家所能依赖的只有参与者诚实的自我报告。他们发现，平均而言，人们承认自己一天会说 1～2 次谎。但是我们如何得知在说谎这件事上，人们真的没有说谎呢？这项研究根据说谎比例的精确分布得出了一个有趣的结果：六成人表示自己在过去的 24 小时中从未说谎，而其余的四成人一天平均说 1～2 次谎。这就意味着，他们中的一些人比另一些人说了更多的谎。事实上，一个参与者报告在过去的 24 小时内说了 53 次谎（实际上最大的数字相当惊人，达 134 次，但是这个参与者被作为例外，没有纳入数据分析之中）。[2] 所以，我们的社会是由大多数很少撒谎的诚实者和一些难以自制的撒谎者组成的吗？

让我们回到刚开始时提到的 2002 年的研究。[1] 美国马萨诸塞大学的罗伯特·弗尔德曼（Robert Feldman）和他的同事邀请了互不相识的成对的心理学本科生参与研究，并告诉他们这是一项关于人们见面时如何沟通的研究。研究者告诉学生 A 的指导语要么是显得讨人喜爱、富有才干，要么是像平时日常生活中第一次遇见某人一样；对学生 B 的指导语则都是表现得自然一点。让学生 A 与学生 B 进行 10 分钟的交流，并且在未告知他们将被全程录像的情况下对这一过程进行录像（当然，视频材料仅在随后征得他们同意之后才被使用）。然后，学生 A 观看了这次谈话的录像，并要识别和确认自己说的所有谎言。研究者发现，在 10 分钟的交流中，学生们平均会说 2 次谎。但是这一次的数据分布给出了更加细致的结果：首先，四成学生表示他们根本没有说谎，其余的六成学生平均说了3次谎。其次,总的来说,当人们尝试显得讨人喜爱并富有才干时,明显比在控制条件下说了更多的谎。你或许会争辩,在日常生活中,你并不会付出额外的努力来显得友好和能干,你之所以这么做是因为科学家让你这样做。在这些实验条件下,科学家也许是鼓励了说谎行为,控制条件也许才是日常生活的真实写照。但是我们中的大多数都希望别人看到自己积极的一面。试想一下,我们遇到其他人却完全不在乎人家对你的看法,这种情况常见吗?这种想让别人看到自己积极一面的动机是天生的,不是假装和后天引导出来的。所以,当人们和一个初次见面的人随意聊天时,会说多少次谎呢?大约10分钟1次。谎言似乎成了许多谈话内容中的一部分。研究者当然也关注到了性别差异,并且发现男女说谎的频率相同。[1] 但是,心理学本科生这样的群体在多大程度上能代表大众呢?

有证据显示,在人的一生中,说谎的频率在不断变化。比利时根特大学的伊芙琳·德比(Evelyne Debey)及其团队最近测试了超过1000名年龄在6—77岁的阿姆斯特丹科学博物馆的参观者。这些参观者报告了他们在过去24小时内说谎的频率,并在此之后对他们的说谎技巧进行了测试。在这项测试中,参与者回答了诸如"火是温暖的吗?""香蕉是红色的吗?"之类的问题。他们有时被要求故意做出错误的回答,有时被要求做出正确的回答。之后,研究者考察了错误回答和正确回答反应时之间的差异。与做出正确回答相比,做出错误回答越快的人,说谎技巧越好。当然，研究人员也计算了人们完成测试的准确度：当要求他们说谎时，他们是否真的这样做了。例如，当你被要求说谎时，如果被问到"香蕉是红色的吗"，你应该回答"是的"；但如果你回答了"不是"，那么你的说谎准确度将被评为较低。

那么，什么样的人能够成为表现最佳的说谎者呢？这项研究表明是青年人。当要求他们说谎时，他们有最高的准确度，并且他们的反应也相当迅速。与之相反，小孩和老人说谎的准确度较低。越年长的成年人在说谎时所花费的时间越比说实话时长。这个发现涉及认知控制（第六章会有更多这方面的内容），并且特别年幼和年长的人在一个与说谎无关的任务中表现出了更弱的抑制控制。说谎需要你抑制自己说实话。这种抑制所需的大脑回路直到25岁左右才完全成熟。因此，小孩的抑制控制能力会随着年龄增长。然而，自我控制的能力也会在人生的后期随着年龄而降低，这就解释了为什么老年人说谎更吃力。通过神经影像学的研究继续跟进这个实验，并将说谎技巧直接与相应的脑回路联系起来，对于验证这个假设非常有用。目前，这个实验的行为结果足以让我们对人一生中的说谎频率有更好的认识。

现在，我们已经较好地了解了哪些人更善于说谎，但是哪些人说谎最多呢？上面这项研究中的自我报告展示出的模式类似于说谎技巧和能力与自我控制之间的模式：小孩和老人说谎最少，而青少年、中青年人说谎多些。[3] 是否可以这样说，对于更年幼的小孩和更年长的老人来说，说谎需要付出更多的努力，因此他们说谎更少?

这些研究中最大的问题是依赖于自我报告的诚实性。因为承认自己说谎一定很不舒服而且非常尴尬,那么如何保证参与者真实地识别和确认了自己的谎言?

怎样检测谎言?

如果我们不想依靠自我报告法,还有别的选择吗?我们是否可以直接问人们,他们被别人骗了多少次?这将会给我们一个更加诚实和准确的答案吗?事实上,人不能很准确地识别谎言。对2006年启动的一项有24 000人参与的研究结果进行大样本分析发现,参与者检测谎言的准确率只有54%。这仅略微高于50%的猜测水平。[4]

好几个世纪以来,人们一直在试图检测谎言。最早的方法更多的是基于迷信和信仰,而非科学。例如,孟加拉国的某些山地部落让被告人舔舐烧红的铁9次,如果舌头被烧伤,就证明嫌疑人有罪。[5]之后的一些方法关注生理测量,例如脉搏,这些方法上的进步表明人们对说谎的身体反应的认识越来越深入。据说,中世纪欧洲的一位贵族通过测量脉搏,对他妻子的偷情行为进行了定罪。古书记载,他的顾问在晚餐时将手放在他妻子的腕部,并和她交谈。当他提到她传闻中的情人时,她的脉搏变快了。很不幸,当提到她丈夫的名字时却没有发生相同的反应。之后,她承

认了这场外遇。⁵

这些早期的生理学方法的可靠性非常有限。后来的一些研究促成了20世纪早期测谎仪的产生和发展。这些仪器测量的生理反应包括：脉搏、血压、呼吸频率和皮肤电（受皮肤上汗液多寡的影响）。你或许会想，这么丰富的数据应该可以有效地识别谎言，但研究表明，测谎仪只有70%的准确率。⁶

最新诞生的测谎技术是fMRI。当前使用fMRI测谎的研究迅速增多。至少有两家公司——"无谎言磁共振（No Lie MRI）"①和"Cephos"②——将这项技术在测谎领域进行商业化使用。他们进行商业推广时打着"人类历史上第一个且是唯一能验证真相和检测谎言的测量工具"这样的广告。⁷广告的卖点非常明显：fMRI不是测量间接的身体反应，而是直接聚焦于说谎的器官——大脑。

在印度，大脑的数据记录已经被认可作为庭审（或诉讼程序）的证据。第一起案件发生在2008年，孟买附近的一个法庭允许将头皮电极记录的电信号［一种被称为脑电图（electroencephalograph）的技术，简称EEG］作为证据。据称，

---

① 无谎言磁共振（No Lie MRI）是一家美国的科技公司，成立于2002年，提供基于fMRI的测谎技术。——译者注

② Cephos是一家美国的科技公司，与无谎言磁共振公司类似，提供基于fMRI的测谎技术。——译者注

犯罪嫌疑人阿迪蒂·沙玛（Aditi Sharma）毒杀了她的未婚夫。据说电信号记录的数据证明她非常了解受害人被毒杀的详尽过程。最终，脑电图数据和其他间接证据使她被定罪，[8]但她不久就因事实证据不足而被释放。[9]在撰写本书时，就我们所知，基于fMRI技术的谎言测试还没有被任何法庭认可作为证据。美国的一些法庭进行了几次将fMRI扫描作为证据的尝试，大多涉及先前提到的那两家公司。然而，这些尝试到目前为止还未成功。2009年，几位辩护律师试图证明一起儿童性虐待案中的嫌疑人是无辜的，他们收集的证据中包括无谎言磁共振公司提供的fMRI证据，[10]但这些证据不久就被撤销了。[11] 2010年，在一项欺诈案件审理中，图·M. 范（Tu M. Pham）法官建议Cephos公司提供的包括fMRI谎言测试的报告不应被视为证据。范法官认为，这项技术并不十分可靠。[12]下面，我们会介绍一些研究，看看究竟是什么让法官得出了这样的结论。

说谎的大脑网络

英国谢菲尔德大学的肖恩·斯宾塞（Sean Spence）及其研究组在2001年发表的成果是最早使用fMRI测谎的研究之一。10位男性参与者回答了36个关于当天活动的问题，例如铺床或是吃药。他们先诚实地回答一遍这些问题。然后，在fMRI扫描时，通过按压"是"或"否"的按钮，他们再对每个问题回答两遍——一遍说真话，一遍说谎。接着，研究者比较了参与者在说真话与说谎话时的大脑活动。参与者说谎时回答问题的速度会慢一些，同时他们的腹外侧前额叶部分区域的激活更强。[13]这部分脑区位于大脑前部眼睛和耳朵的中间位置。它参与很多认知加工过程，其中一项是反应抑制（通常是会在与运动抑制相关的研究中考察这个脑区）。[14]另外一些研究将这部分腹外侧前额叶区域与言语加工、[15, 16]对他人意图的归因[17]和决策[18]联系起来。这些研究的设计说明了一点：这些早期的研究力图发现"说谎的大脑网络"，以探讨参与谎言产生（或抑制说真话）的脑区。这些研究者并不是为了证明fMRI在测谎方面的可靠性。事实上，他们并没有创建识别谎言的算法。

2002年，美国宾夕法尼亚大学的丹尼尔·朗勒本（Daniel Langleben）及其同事想要更深入地了解参与欺骗的脑区。他们在校园内招募了18名参与者（包括男性和女性）。他们给参与者一张扑克牌，并要求参与者将扑克牌放在口袋里。然后在fMRI扫描的过程中，研究者会展示其他扑克牌的图片，并问"你有这张牌吗？"。除了他们口袋中的扑克牌之外，研究者要求参与者对其他所有扑克牌如实作答，但是否认他们真的持有的那张扑克牌。研究者又一次发现了一些与说真话相比，在说谎时更加活跃的脑区。[19]其中有前扣带回，这个脑结构位于大脑深部，靠近眼睛上方的大脑中心部位。这个脑区不仅与反应抑制和错误检测有关，[20]还与情绪调节[21]和许多其他的功能有关。

2008年，丹尼尔·朗勒本做了另一项测谎研究。参与者在3~8之间挑选一个数字，然后在fMRI扫描时呈现1~9的数字，要求参与者否认自己挑选过任何一个数字。当他们说谎时，研究者看到了与说真话不同的激活模式，包括腹外侧前额叶、前扣带回以及其他脑区的更强的激活。[22]然而，在其结果被其他实验室重复出来之前，我们应该谨慎地对待这项研究。尽管该论文属于经同行评审的文章，但是这项研究的资金来源于无谎言磁共振公司。

fMRI测谎的精准度

有关欺骗的理论和机制的文献日趋增多，这对于深入了解参与说谎的大脑网络当然十分重要和激动人心。然而，如果将fMRI用于法庭测谎，我们仍需要更多的研究来确定这项技术的准确性，尤其是在单一参与者水平上。大多数的研究聚焦于欺骗的机制，以及在群体水平上说真话和说谎之间的差异，而非在个体水平上说真话和说谎之间的差异。然而，为了给法庭提供一项可靠的技术，我们需要在每一个被调查的独立个体上将真话与谎言分离出来。

迄今为止，仅有少数研究致力于考察准确度问题。宾夕法尼亚大学的丹尼尔·朗勒本及其同事在2005年发表的成果是最早的研究之一。他们使用上一节中提到的扑克牌范式对26名男性本科生进行测验。首先,他们考察了在群体水平上说真话和说谎条件之间的差异。他们使用了该领域中标准的统计分析方法对数据进行分析。但是,在这个严格的分析中,这一团队并未发现说真话与说谎之间有任何显著差异,因此,他们未能复制自己在2002年的发现。有趣的是,他们使用这些数据生成了一个计算机模型,并用这个模型检测了对这个模型没有数据贡献的参与者。4名未参加之前测验的男性参与者接受了上述相同的任务范式的测验,接着,采用这个计算机模型尝试把他们说谎的回答和说真话的回答分开。这个模型的预测准确率为76.5%,[23] 仅仅稍好于生理测谎仪。朗勒本的这项技术随后被商业授权给无谎言磁共振公司,由此可以推断,它必定有一些测谎的潜力。实际上,朗勒本团队使用了更加复杂的方法对数据进行再分析。通过机器学习技术,模型的准确率提升到了88.6%。[24]

真实的法庭情境比"否认拥有某张扑克牌"复杂得多。美国南卡罗来纳州医科大学的安德鲁·科泽尔(Andrew Kozel)及其同事设计了一个更加真实的情境。这是一个模拟犯罪的实验,招募了61名来自某大学社区的参与者。在实验当天,参与者需要从一个抽屉里"偷"手表或戒指,然后将这个东西和他们自己的财物一起放在一个上锁的寄存柜里。之后,他们要在 fMRI 的扫描下回答四个类型的问题:是否拿了戒指、是否拿了手表、中性的问题(例如"你喜欢海滩吗?")和关于其他不道德行为的控制问题("你在考试中做过弊吗?")。参与者需要否认拿了任何东西。

为了激励他们说出更具说服力的谎言，参与者被告知，如果主试未能发现他们在说谎，他们将额外得到50美元（但实际上，他们得到的奖金与他们怎样表演无关）。因此，参与者参加测验一搏输赢的意愿高涨。然后，使用一半参与者（30个）的神经影像学数据构建模型，使用另一半人的数据进行测试。神经影像学的分析再次显示了在说谎的时候，前扣带回和几个额叶区域的脑区具有更强的激活。其测谎的准确率高达90%，这一成绩相当可观。研究者声称，一些参与者甚至试图使用一些巧妙的策略，例如假装他们真的没有偷任何东西，或者想象一个特定的场景，"这些都不会降低谎言判断的正确率"。[25] 毫无意外，这项技术同样被商业授权了——这次是给了 Cephos 公司，这家公司同时也给这项研究提供了资金支持。

在个体水平上，已发布的基于 fMRI 的测谎准确率最高达100%。这是来自乔治·甘尼斯（Giorgio Ganis）及其团队的一项研究，这个团队的成员来自美国、英国和荷兰，而且这项研究不存在任何利益冲突①。12名来自美国哈佛大学的本科生被要求对他们的出生日期说谎。在 fMRI 扫描仪里，主试向他们展示了不同的日期，并问"你认识这个日期吗？"。除了参与者在扫描之前记住的"目标日期"外，即便看到了自己的出生日期，他们的回

---

① "不存在任何利益冲突"是指这项研究没有受到任何可能获益方的资助。——译者注

答也应该是"不"。参与者被要求在出现目标日期时回答"是"，以确保他们真的在认真回答，而不是仅仅反复地说"不"。之后使用其中11名参与者的数据构建检测模型，使用剩下1名参与者的数据进行检验。令人震惊的是，这个模型可以100%准确地区分真话与谎言。作者用生日的特殊含义解释了这个了不起的发现，因为生日是与个体的经历密切相关的自传性信息，而不是人为赋予的意义。

然后，真正有趣的是，参与者可以欺骗这个看似完美的模型。研究者训练参与者使用如下对策：在呈现大多数不相关的日期时，要求其在按下按钮前，巧妙地活动左手食指、左手中指和左手大拇指。虽然他们仍然做出了"不"的反应，而且这个反应是说了真话的反应。事实证明，这个微妙的对策扰乱了这个模型。这时，模型区分谎言与真话的准确率仅为1/3，这在法庭上根本毫无用处。研究者解释说，这个对策赋予了不相关日期某种特殊的显著意义，这也可以"通过进行其他心理活动"来实现（例如，回忆自己的某个经历）。[26] 总之，如果嫌疑人在扫描时产生了足够的无关刺激，那么就连准确度最高的计算机模型也会被愚弄。想一想扑克高手或者演员，他们有着近乎本能的说谎能力——他们需要受训才能骗过这个计算机系统吗？如果我们尝试用"熟练的骗子"的手段来重复这个实验，想想我们可能得到怎样的发现，一定很有趣！

局限性

除了无法识别那些使用巧妙策略的熟练说谎者之外,基于 fMRI 的谎言检测还有什么局限性呢?宾夕法尼亚大学的玛莎·法拉(Martha Farah)和她的同事最近通过对 23 项研究进行元分析发现,在说谎时,并不是单一的脑区始终活跃。[27] 这一发现给人一种神经影像学研究结果前后矛盾的感觉。任务设计、刺激、扫描仪的特性、分析方法、实验者、参与者的情感状态与其他很多变量都会对结果产生相当大的影响。为了使这项技术在法庭上更可靠,我们需要确切地知道误差到底是多少,并且开发出标准化的规程,以产生可复制的、稳健的结果。

另一个重要的局限是参与者的配合度。实验研究里的参与者是为了学分或经济上的酬劳而参与研究的。他们有很好的遵循指示的动机,有时实验者甚至会承诺他们,如果表演得非常好,还能获得奖金。但是,如果你是一个被审判的嫌疑人,当法庭要求使用基于 fMRI 的谎言测试时,你只需采用一个简单的手段就可以使数据变得毫无用处,而且不需要多么复杂的对策:你只需要在扫描时晃动你的头。的确,就连最轻微的头部移动都能使神经影像学数据变得无用。通常,研究者不得不因为太多的头部移动而排除大量的参与者数据,即使参与者确实不是有意移动的——这项技术对于动作就是这么敏感。

你也可以反过来看头动的问题：即使人们很愿意配合 fMRI 扫描，有些人也很难在扫描仪里静止不动。例如，亨廷顿氏舞蹈症或一些严重的多动症患者，在不服药的情况下无法一动不动地躺着（并且没人知道药物对说谎的大脑网络有什么影响）。同样，身体有金属植入物（因为 fMRI 扫描仪工作时会产生强磁场）以及患有幽闭恐惧症的人（因为紧闭的管道令其恐惧）也不能进入 fMRI 扫描仪。此外，神经退行症或脑损伤会改变说谎所涉及的神经回路吗？

那么有人格障碍的人会怎样呢？当精神病患者说谎时，他的大脑又是怎样的呢？迄今为止，我们仅仅讨论了对健康参与者的研究，这也是大多数说谎研究的研究对象。相反，中国中南大学的蒋伟雄及其同事研究了 32 个年轻的反社会人格障碍罪犯的说谎行为（根据作者所述，这些参与者犯了"轻罪"）。[28] 为了区分说谎者，他们先进行了访谈，询问这些参与者对待说谎的态度、他们过去说谎的成功率、说谎技巧的娴熟程度，以及以前多久说一次谎。基于访谈的评分，研究者将这些参与者分为不说谎者、轻微的说谎者与严重的说谎者三个类型。尽管不能确保这些人是诚实作答的，但科学家们确实发现了组间的差异。在后续的谎言任务实验中，当比较说真话与说谎之间的大脑激活时，不说谎者的差异最强，轻微说谎者的差异次之，严重说谎者的差异最弱。尽管研究者没有构建计算机模型来对大脑激活反应进行分类，但我们仍可以发现这样一个现象，即熟练的说谎者的说谎行为更难以被发现。[28]

如果参与者试图将谎言融入故事中并记住整个情境，又该怎么办呢？这会引起与回忆真实记忆相同的神经激活吗？哈佛大学的乔治·甘尼斯（Giorgio Ganis）及其团队在2003年研究了这个问题。10位参与者讲述了他们最难忘的假期和工作经历。基于他们的讲述，科学家准备了一些问题，以备1周后进行fMRI扫描时提问。在扫描当天，参与者在研究者的指导下编造了另一段关于假期和工作经历的虚假经历，也就是说，研究者帮助参与者基于虚假的信息创建了一个合乎逻辑的、与真实经历相呼应的经历，例如在另一个城市度假，或者乘飞机出去旅游而非驾车。然后，参与者复述并记住这些虚假经历。之后，参与者进入fMRI仪器，并回答了三种类型的问题。对于第一种问题，他们被要求如实回答；对于第二种问题，他们需要使用经过复述的虚假经历的细节来回答；对于第三种问题，他们需要自发地编造一个谎言。科学家发现，复述的谎言与自发说谎的神经激活模式不同。此外，这两种模式又与如实回答时大不相同。[29]这个有趣的研究显示，说谎行为并非一个始终激活相同脑区的同质行为。必须考虑谎言类型的不同，以开发可靠的测谎技术。

这些研究有多少实际意义呢？首先，参与者通常被要求在一种情形下说谎，而在另一种情形下如实回答。可供个人选择的空间——参与者自主决定说谎或是如实回答——非常小。被别人告诉该做什么可能会对我们所看到的大脑激活产生很大影响。此外，这些研究中的大多数参与者是大学生或者大学社区里的人，这就使得谎言检测在低教育程度的人、老人或小孩中是否具有相同的准确度存疑。而且，参与者的情绪状态对大脑激活很可能产生影响。科学家或者律师也许相信大脑扫描证明嫌疑人在说谎，但这个大脑扫描的信号也可能反映了嫌疑人对某个刺激或是整个情境的极端恐惧、厌恶或愤怒。法庭上被告的处境很可能是压力和应激不断增强，在这种情况下，我们该如何控制情绪的干扰？

另一个亟待解决的问题是虚假记忆对测谎准确性的挑战。fMRI 技术似乎令人刮目相看，并且专家证人对陪审团来说很有权威性。但是，即使是最先进的基于 fMRI 的测谎仪也仅能反映参与者自身的信念。它反映的不是绝对和客观的真相，我们必须批判性地分析它的结果。让我们来设想一下，如果一个参与者深信某个虚假的细节是真实的，那么会发生什么情况。例如，假设一起谋杀案的嫌疑人相信自己是在凌晨 2 点时（即谋杀发生的时刻）到达犯罪现场的，而实际上他是在 20 分钟后才到达的，这就可能导致他错误地自证其罪。由于嫌疑人的确看到了受害者，并且被卷入庭审中，由此而引发的极端压力很可能导致嫌疑人的记忆变得不那么可靠。审问时多次提到凌晨 2 点这个时间，可能会让嫌疑人开始相信，这就是他到达的时间。脑扫描结果显示，在"凌晨 2 点"这个刺激出现时，激活水平提高，原告就在法庭上把这个信息当作证据。神经科学的证据给陪审团留下了深刻的印象（实际上，已有研究显示，这种类型的证据非常具有说服力：当纳入神经科学证据时，即使这些证据与背景毫不相干，也会让非专业人士认为这些原本很烂的解释非常令人信服[30]）。当大脑扫描结果显示被告是凌晨2点到达的时，陪审团就应该认为这一定是真相吗？绝不是。大脑扫描或许可以揭示嫌疑人的信念，但揭示不了绝对的事实。上述这些只是我们想象的场景，但是如果这类证据可以在法庭上被受理，陪审团就必须了解这种技术的局限性。

最后，我们想讨论的是人权问题。为了避免自证其罪，被告有权保持沉默。然而，我们的大脑从不会沉默，即使是静坐或睡觉时，我们的大脑也一直在活动。所以，当你被迫躺在 fMRI 扫描仪中回答问题进行谎言检测时，你或许想保持沉默，但你的大脑在这种背景下会一直表现出有意义的反应。如果这种反应在法庭上被解读和使用，你是否失去了对自己不想提供的信息的控制权？嫌疑人已经被迫提供了指纹以及用于 DNA 检测的血液或唾液样本。也许有人会说，大脑活动与上述事物全然不同。但是，被胁迫或强迫进行 fMRI 测谎检验也许最终将威胁思想的隐私权。

尽管 fMRI 用于测谎的实验证据非常鼓舞人心，而且科学的进步肯定会引领更加可靠和准确的测谎技术的发展，但仍然有几个问题需要我们去解决。首先，必须解决不同类型和不同说谎技能水平的参与者的可靠性问题，以及使用反测谎手段的问题。其次，必须探讨不同类型的谎言的区别，还需要阐明这项技术的局限性。另外，我们需要标准化的规程和最小的错误率，并在无任何利益冲突的情况下进行大规模的研究来验证其准确性，以确保技术的有效性。最后，当我们考虑在法庭上广泛认可基于fMRI的测谎证据之前，必须对该技术侵犯人权的危险进行评估，并制定相应的伦理道德准则。

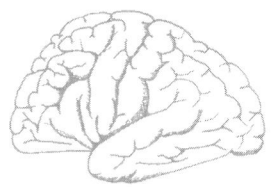

第 五 章

你的大脑有多道德?

HOW MORAL
IS YOUR BRAIN?

让我们做一个思维测试。一列火车正在疾驰下山,刹车失灵了,眼看就要撞上铁轨上的 5 个工人了。你要么就不做出任何反应,这 5 个人会丧命;要么切换铁轨,把列车转向右边的岔道,但是那里也有一个工人(图 6a)。你会怎么做?为救 5 人而牺牲 1 人?抑或什么都不做?

这是已被深入研究过的一个范式的示例。最初,它是用来探究道德的哲学思想实验,[1] 最近,列车情境也被广泛应用于研究道德决策的认知过程和大脑神经网络。

无论你怎么选择——不做任何反应因而 5 人丧命,或是改变列车行驶方向导致牺牲 1 人——都违反了道德准则,即不要造成伤害。这就是一个道德困境问题。在这种情况下,大部分正常人会怎么做?调查表明,大部分正常人会选择改变列车的方向,牺牲另一条轨道上的工人来保全其他 5 个工人的性命。[2]

让我们再看一个类似的情境。有一辆失控的列车在轨道上将要撞死 5 个工人,而你此时正站在轨道上方的人行天桥上,身边有一个身形高大的家伙。你想要救那 5 个人就得把这个陌生人推下桥去,此举会让陌生人当场殒命,却能让列车停下来。这次你会怎么做?出人意料的是,在这种场景下的大多数正常人都不会选择将这个陌生人推下桥（图6b）。² 这个结果非常有意思，因为从本质上看，这两个场景涉及的决策过程是相同的：

1. 采取行动，为保全5个人的性命而牺牲1个人，或者
2. 什么都不做，眼看着5个人丧命。

但是，人们的决定截然不同。为什么会这样呢？

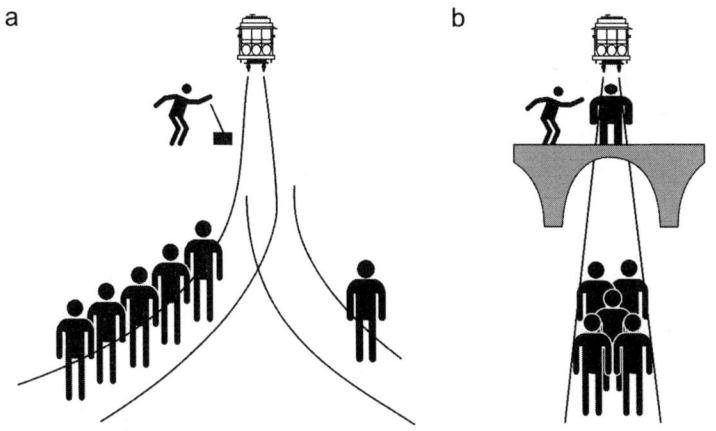

图6 两种类型的列车困境示意图。(a) 你是否会把列车转向只有1个工人的岔道？(b) 你是否会把大个子推下桥从而拦住列车？

不同类型的道德决策

哲学和神经科学家乔舒亚·格林（Joshua Greene）在普林斯顿大学对这个问题进行了研究。他认为，这两种情境有一个非常重要的区别：参与者的情感卷入。研究人员采用 fMRI 技术考察了参与者面临的两类道德困境：一类是更似人身攻击的情境，比如主动地将人从桥上推下；另一类是更似非人身攻击的情境，如切换列车的轨道。研究者发现，在人身攻击和非人身攻击道德情境之间，大脑激活存在显著差异。最重要的是，与情绪处理相关的脑区在人身攻击情境中的激活更强。其中的一个相关脑区是位于眼睛上方的腹内侧前额叶皮层。[3] 这项研究表明，在道德决策中，特别是在人身攻击情境中，情感加工发挥着关键作用。

对因血管破裂而导致腹内侧前额叶皮层受损的患者的研究结果也支持上述结论。这些病人的智力正常，但情感加工存在缺陷。例如，他们对亲友们的个人生活失去了兴趣且忽视社会规则。意大利博洛尼亚大学的艾丽莎·恰拉梅力（Elisa Ciaramelli）和同事发现，相比于没有脑损伤的正常人，腹内侧前额叶皮层受损的患者更有可能选择将人从桥上推下以保全另外 5 个人的性命。相比之下，他们对非人身攻击的道德困境（切换轨道）以及无关道德的困境（维修旧电视机还是以同样的价格购买新电视机）的反应与正常人相似。[4] 腹内侧前额叶皮层可能在道德判断的情感加工中发挥着关键作用。

我们刚才讨论的道德情境都造成了伤害，而人们的决策过程可能包含了减少严重伤害的推理过程。那么，在不会造成伤害的情境中会怎样呢？

道德意图

你如何看待那些蓄意谋杀却因为在行动时被制止或者因为受害者有良好的自我防卫技能而失败的人？意图本身是不道德的吗？

大多数人会根据结果和意图做出判断，这也是法律制度的运作方式。即使最终没有发生什么，人们也会因为有造成伤害的意图而受到惩罚，例如谋杀未遂。这种推理需要有理解他人意图的能力，即将自己置身于另一个人的角度。这一过程被称为"心理理论（theory of mind）"，它是道德判断的关键部分。

大多数人都能理解意外伤害和故意伤害之间的区别。我们会更愿意原谅那些不小心将水洒在我们笔记本电脑上的人，而不是那些试图损坏我们的计算机但被及时制止的恶性竞争者。在前一种情况中，已经造成了实际损失；在后一种情况中，计算机完好无损且数据安全。然而，我们对"心存邪恶"的人比"笨手笨脚"的人更加苛刻。大多数人都具备这种强调意图的一般能力，但也存在个体差异。有些人可能依然会责怪"笨手笨脚"的同事，即使他本身没有任何恶意。

来自麻省理工学院的利安·杨（Liane Young）和丽贝卡·萨克斯（Rebecca Saxe）结合神经成像技术对这些情境进行了研究。他们发现，减少责备意外伤害的倾向与右颞－顶联合区的活动有关。[5]这个区域位于大脑后部，是理解他人意图的关键脑区之一。[6]其激活越强，对造成意外伤害的人的责备倾向就越低。[5]该脑区似乎在理解主体的无辜意图方面发挥了重要作用。与社交互动相关的大脑网络是做出道德判断的关键。还有哪些脑区与道德思维和道德行为有关呢？

寻找道德中枢

众多研究者为探明道德的神经基础进行了一系列 fMRI 研究。最初的研究之一是由豪尔赫·莫尔（Jorge Moll）在里约热内卢的实验室和医院里完成的。2001年，莫尔和同事们邀请了10个人根据陈述做出"正确或错误"的判断。其中一些情境和道德相关（"他们绞死了无辜的人"），而另一些是没有道德成分的陈述（"石头是由水构成的"）。研究者记录了参与者进行判断时的 fMRI 数据。[7]

在另一项实验中，豪尔赫·莫尔及团队向7名参与者呈现了社会侵犯行为（social violations）。这些行为要么属于道德性质（"老年人无用"），要么属于非道德性质（"他舔脏马桶"）。随后，参与者需要判断这些陈述"对"或"错"。[8]同一团队在2002年改进了该范式。他们要求参与者观看不愉快场景的图片。一些图片展示的是道德侵犯行为，例如身体攻击；而其他一些图片虽令人不愉快，却与道德无关，例如身体残疾。[9]如果你认为这些实验听起来让人难受，你可能是对的。但也请记住，这些参与者可以随时终止实验。

在所有这些研究中，研究人员都着眼于分析：在思考道德而不是非道德内容时，大脑的哪个区域会激活？换句话说，"道德网络"在哪里？乔舒亚·格林（Joshua Greene）的研究显示，腹内侧前额叶皮层在道德情境中被显著激活。这些研究发现的另一个常见激活脑区是颞上沟，它位于耳朵上方并沿着大脑向侧面伸展。这个大脑区域被认为与言语知觉、动作、面孔和心理理论有关，这还只是列出了它参与的部分加工过程；你应该大致明白了颞上沟被称为"人类大脑的变色龙"的原因了吧。[10]这种模式也适用于研究中发现的所有的"道德"脑区：研究人员没有找到专门负责道德而在其他活动中保持静息的大脑区域。

在寻找与道德相关的关键脑区时，科学家确实发现了主要参与情感和社会认知的脑网络。这表明，道德是一个复杂的加工过程，涉及认知的不同层面。道德决策似乎依赖于许多平行的、协同的系统和脑区，而非一个道德中心。如果我们想要确定存在着这样一个道德脑区，那么它在所有的道德情境中都会激活，而不仅仅是在情感情境或者是特别关注意图的情境中才被激活。并且，该区域不会在其他认知过程（例如，在与道德无关的情形下理解你同事的心情）中激活。但即使我们不能将道德定位在一个脑区中心，我们仍然可以通过 fMRI 研究去理解道德加工的脑网络。

大脑似乎有一个标记来审视道德情境并做出道德判断。尽管参与者之间存在个体差异，但是大多数人的一般模式相似。那么，有没有人表现出了不同的激活模式呢？

道德异常

既然我们了解了许多典型的道德网络，我们就可以更多地考虑一下异常的情况。什么样的个体可能会对道德内容表现出不同的大脑激活？我们已经看到，腹内侧前额叶皮层受损患者对列车困境的反应不同（他们更愿意推倒桥上的大个子陌生人来保全轨道上的5个人）。还有会出现类似异常的其他情况吗？

有一种人格障碍显然与道德行为的改变有关：精神病态。精神病态患者经常无视我们社会的道德价值观，操纵、欺骗、偷窃甚至杀戮，且不会表现出悔意。[11] 然而，关于这种疾病，也存在许多误解。与普遍的观点相反，精神病态患者能够体验到共情。当被要求这样做时，他们也能够理解他人的感受。然而，与正常人相比，在没有要求或特别强调时，他们"自发的"共情水平很低。[12] 我们之前已经提到，理解他人的感受是道德的核心部分。精神病态患者经常无视道德规则，那么他们是否能理解这些规则呢？

一些研究表明,精神病态患者可以明辨是非。他们能够正确判断违反道德行为(例如,一个孩子打另一个孩子)是不被允许的。然而,有趣的是,精神病态患者似乎无法区分违反道德和违反规则。换句话说,他们似乎无法分辨有暴力倾向的孩子和在课堂上讲话的孩子之间的区别,认为这两种违反行为都是严重且不被允许的。相比之下,正常人将暴力地违反道德视为更加严重和更不被允许的。[13,14] 这些研究结果表明,精神病态患者在道德加工方面存在缺陷。他们的行为是异常的,那么他们的大脑活动又是怎样的呢?

卡拉·哈伦斯基(Carla Harenski)及团队曾前往北美监狱寻找答案。他们扫描了16名精神病态犯人和16名非精神病态犯人观看图片时的大脑活动。与之前的研究相似,这些图片也令人感到不愉快。有些图片的内容中有违反道德的行为(如某人闯入房屋),而其他则没有(如残缺的手)。犯人必须判断图片是否表明有道德违反,如果判断为"是",还需要评价其严重程度。精神病态犯人和非精神病态犯人的评分非常相似。两组参与者都能够正确识别道德违反且评价的严重程度相似。因此可以推测两个群体的道德加工是相似的。然而,脑扫描的结果不尽相同。在加工道德与非道德图片时,非精神病态犯人表现出了不同的大脑激活。与非道德图片相比,他们加工道德图片时腹内侧前额叶皮层表现出了更大的激活。而精神病态犯人在两种情况下没有差异。他们的腹内侧前额叶皮层在观看道德和非道德图片时的激活程度相同。[15] 总的来说，这些研究结果表明，健康人将道德情境视为"特殊的"或更加突出的，而精神病态的人似乎没有将道德情境视为一种独特的类别。

我们该如何使用这类信息？将来可以使用脑扫描来诊断精神病态吗？如果人们在道德判断时表现出了这种异常的大脑激活，是否意味着他们都是精神病态的人？此外，如果我们有一个明确的精神病态诊断工具能表明被测试的人可能无视我们的道德价值观，我们是否应该在他们造成任何伤害之前将他们监禁？这会是负责任的做法吗？

现在说脑扫描已精确且具体到足以明确诊断还为时尚早。到目前为止，研究数量太少且效果太弱。研究也只检测了群体差异而非个体差异。此外，还有一个很容易被忽视的重点：尽管脑扫描给我们带来了令人惊叹的丰富信息，但它们无法预测未来。不是每个精神病态患者都会变成罪犯，只是风险更高而已。有证据表明，精神病态患者占总人口的比例不到1%，[16] 却占监狱人口的3%～23%，[17-20] 具体数值取决于研究方法和国家的差异。但这些数据并没有告诉我们哪个精神病态患者会成为罪犯，哪个不会。在他们有意犯罪之前就将他们监禁只能是科幻小说里的内容。在能够证明这些激进措施的合理性之前，我们需要在科学和技术方面取得重大突破。我们目前的 fMRI 系统的确还不是一个可占卜未来的水晶球。但谁知道我们会不会找到那么一个水晶球呢？

道德异常是一种借口吗？

人们普遍认为，fMRI 扫描不能准确预测未来。但它们可以解释甚至可以成为过去发生事情的证据吗？它们是否可以在法庭上作为证据来减轻对被告的量刑？

2009 年，美国法律系统进行了一次小规模革新：fMRI 扫描首次被法院接受并作为证据。被告人是来自伊利诺伊州的一名 52 岁的男子布赖恩·杜根（Brian Dugan），他曾因涉嫌强奸并谋杀了一名 27 岁的护士和一名 7 岁的女孩而被判无期徒刑。现在，他又因涉嫌强奸和殴打一名 10 岁女孩致死而受到审判。检方要求判处杜根死刑，但被告的律师们希望通过说服陪审团促成减刑，理由是被告是一名精神病态患者。他们希望这样可以减轻被告的刑事责任并免于严惩。这些律师找到了神经科学家肯特·基尔（Kent Kiehl），他多年来一直从事精神病态研究。该学者同意扫描杜根的大脑，与他面谈，并愿意出庭作证。在审判中，他的证词和对 fMRI 结果的陈述得到了许可，但扫描本身并没有得到法庭的承认。在完成数据收集和分析后，基尔站在了被告的一边并出示了能证明被告确实为精神病态的证据。然而，检方邀请了另一位专家证人：精神病态研究专家乔纳森·布罗迪（Jonathan Brodie）。他解释说，2009 年进行的大脑扫描无法证明杜根在 20 世纪 80 年代犯下罪行时的状态。他也指出，大多数关于精神病态的 fMRI 研究都聚焦于群体差异，即精神病态患者大脑的平均状态与正常人的平均状态的差异。两者可能会重叠，因此我们不能对单个个体做出判断。关于个体准确性判断的研究尚未出现（我们依然缺乏令人信服的证据）。陪审团最终投票决定对被告人杜根执行死刑[21]（2011年伊利诺伊州废除了死刑，因而杜根面临的是终身监禁[22]）。这一判决或许反映了法庭上的 fMRI 证据仍然需要在个体层面上测定其敏感性和特异性。

接受脑扫描作为法庭证据来解释个人行为开启了一个道德问题的领域。被告可以"由于精神错乱而被判无罪"，这意味着他们因没有完备的心理能力做出决策而可以免受惩罚。在第六章中，我们将讲述一位突然成为恋童癖者的已婚教师，但等发现并切除脑肿瘤后，该行为就消失了。不久之后，不道德行为又卷土重来，与此同时也发现了肿瘤复发。切除脑肿瘤后，该男子再次恢复正常。在这样的情况下，我们倾向于认为个体不应该受到惩罚，因为这类行为表现与生理异常紧密关联。我们不将肿瘤解释为男子人格的一部分，而是将其视为一种可以消除的不良影响。

但是，我们对精神病态患者的感受如何呢？他们是否需要负刑事责任？如果他们在不同于现有的道德体系中，是否会使他们变得不那么有罪、不那么需要担负责任？在谈到刑事责任时，我们不得不说我们就是大脑本身，因为大脑会产生我们的意识、我们的人格和我们的自我。我们做出的所有决定都可归结为神经活动的产物，这些神经活动又是我们的基因、以往经验及所处环境造就的。说"我的大脑让我这么做!"其实就像是在说 J. K. 罗琳(J. K. Rowling)让《哈利·波特》系列的作者写了7本关于这位年轻巫师的书一样荒谬!

尽管有这种认识,但对于上文患有脑肿瘤的教师来说,说他是肿瘤的受害者是合理的。由于这两起事件同时发生并且重复出现,我们倾向于认为是一个事件引起了另一个事件。但相关并不意味着因果关系。仅仅因为两件事同时或同向发生,并不意味着它们是因果关系。然而,犯罪行为仅在肿瘤出现后才开始,并且肿瘤切除后就立刻消失了(且发生了两次),这一事实强烈暗示了因果关系。这位教师之前从未表现过这类行为——没有任何异常偏好或违法记录。恋童癖与自身特性不相符而且发生得如此突然,这个事实可能使我们认为存在一种强大的、不寻常的影响。

但是,肿瘤与遗传基因的影响有何不同呢?遗传基因会导致你的神经元以不同的方式放电,并改变你做出道德判断的能力。如果你一直是这样的,这是你的错吗?让我们更进一步思考。假设一个人成长时,父母视道德如无物,并告诉他任何社会道德规则都没用。那么他会坚信这一点。当有人激怒他时,他认为自己有权夺走对方的性命(这并不是对任何特定情况或案例的真实描述)。如果他没有权利选择自己的成长经历,你认为他需要对自己的行为负全部责任吗?现行的法律制度允许"因精神错乱而无罪"的判决,这通常要求被告处于无法做出理性决定的状态。然而，因教养而不道德的人可能是完全理性的，并且能为自己的行为辩护。在判决时，法律确实允许酌情减轻处罚。那么责任的边界在哪里呢？什么时候该原谅此类行为呢？

使用基因、环境或将两者结合作为不良行为的解释或借口就犯了滑坡谬误。我们会发现有多少基因能影响重要的大脑回路？一个经验老到的律师能为我们中的任何人找到多少童年时期的不良事件、不良影响及创伤事件？这真的是行为的借口吗？我们必须划清界限。当然，当人们患有严重的精神疾病时，可能会导致妄想或幻觉，使人无法做出理性决策。但除了这些极端情况外，我们中的许多人都不想对现行法律进行实质性的调整。什么样的证据是强有力的且令人信服的？刑事责任的制约因素在根本上取决于社会和法律制度。

道德改变

我们已经探讨了道德异常加工及其在法律体系中对有罪判决的可能应用。正常人又会如何呢？如果一个人表现出正常的道德决策，这种决策能被调节吗？可能有三种改变道德判断的方法：定向磁场、催眠术和药物。

意图是道德判断的关键组成部分。这个过程与右侧颞-顶联合处密切关联，该区域处于大脑后部。正如利安·杨和丽贝卡·萨克斯所述，在道德判断中，该脑区越活跃的人，就越有可能原谅意外伤害。⁵ 研究者感兴趣的是可否通过调节这个脑区的磁场来改变道德判断。

他们邀请了20个人参与这项研究。这些人首先进行了 fMRI 扫描以确定颞-顶联合处的具体位置,因为不同人的脑区的确切位置会略有差异。一旦找到该区域,实验者将经颅磁刺激作用于参与者的头皮。在这个技术中,产生磁场的线圈被放置在头部的指定位置。针对大脑的某个特定区域,通过不同的设置来调整刺激的深度和强度。磁场穿过颅骨并在大脑中产生电流,这些电流又会影响某个大脑区域的神经活动。基于具体参数设置和刺激大脑区域,这些电流可能会产生不同的影响。目前,这项技术被用于对一系列医学病症的治疗,包括各种抑郁症[23]、脑卒中[24]和精神分裂症[25],图7(彩)显示一名参与者正在接受经颅磁刺激。

在这项研究中,研究人员使用经颅磁刺激来干扰大脑区域的活动。他们刺激右侧颞-顶叶联合区(兴趣区)或大脑另一侧没有直接参与道德判断的控制脑区。参与者必须针对不同情境做出道德判断,这些情境有不同的结果和不同的主体意图。最重要的是,一些情境包含了有不良意图的主体,但这些主体未能造成实质性伤害。例如,其中一位主体就是劳伦,她正和相识的人一起在树林里露营。他们发现了一些野生蘑菇,劳伦认为它们有毒,会导致痛苦的抽搐和死亡。她给这些熟人提供这些蘑菇作为食物,但他们吃完之后并无不良反应。劳伦应该受到责罚吗?参与者的控制脑区接受经颅磁刺激后,他们认为劳伦提供蘑菇的决定

(以及类似的情境)触犯了道德禁忌——因劳拉的不良意图而做出的道德判断。

令人惊讶的是,当研究人员刺激右侧颞-顶联合处时,参与者会认为这种情况在道德上更可接受——对劳伦的批评没有那么尖锐了。有些参与者在做出道德判断之前接受刺激,有些则在决策期间接受刺激。在这两组参与者中,干扰右侧颞-顶叶联合处的活动使得人对有意图伤害的批评变得不那么尖锐——意图似乎不那么重要。[26] 这只是一个如何在正常人中调节道德判断的例子。该技术具有强大的效果,并可应用于其他大脑区域,或使用不同的设置可能会产生更奇妙效果。但是,使用这种技术而又不被人察觉是不可能的。如果有人拿着一个线圈放在你头上透过你的颅骨施加磁场并改变你的大脑活动,你肯定会注意到。是否有更隐蔽的手段可以在主体毫无觉察的情况下实施影响?

来自美国国立卫生研究院(National Institutes of Health,NIH)和美国弗吉尼亚大学的泰利亚·惠特利(Thalia Wheatle)和乔纳森·海特(Jonathan Haidt)采用催眠术进行了一项有趣的实验。他们让64个参与者处于催眠状态,并产生某些特定单词[一些中性的词,比如"经常(often)"]与厌恶情绪的联结。从催眠中恢复后,参与者对于之前发生的事情没有任何记忆。他们要对不同的情境做出判断。一些描述包含令人厌恶的词。令人吃惊的是,对这些情境的道德判断比对没有这些词的情境的道德判断更为负面。重要的是,这不仅仅发生在我们大多数人都会认为

第五章 你的大脑有多道德？

有失道德的情境中，例如入店行窃或贿赂；厌恶反应甚至影响了没有不良意图的情境，例如，学生会代表选择了吸引人的讨论主题。参与者对这个没有不良意图的情境进行了道德判断，当描述中包含了与厌恶相关的词语时，道德上的评价更加负面。换句话说，诸如厌恶词之类的语境或情境会对道德评价产生负面影响。一些参与者甚至在事后试图证明他们的评级是合理的。一个参与者说："我觉得他在搞鬼？"[27] 显然，道德是一个非常复杂的过程，在某种程度上依赖无意识的意图和信念。令人惊讶的是，单次催眠就能够对道德判断产生如此大的影响。改变人们的道德判断可以成为操纵人的有力工具，一旦落入坏人手里，就有可能对社会造成威胁。

然而，催眠术只对一小部分人有用，而且参与者必须对该体验持开放态度。这听起来不像是一个最佳的选择。似乎有另外一种更强大的方式来改变道德，那就是药物。最近，来自英国牛津大学和英国伦敦大学学院的莫利·克罗基特（Molly Crockett）开启了一项研究来探讨两种药物调控道德的可能性。他们使用的范式与大多数先前发表的研究完全不同。传统的道德困境经常描述会造成严重伤害（例如死亡）的情境。决定是否要将一个大个子陌生人从桥上推下去，可能并非大多数人在现实中经常做的道德决策。我们大多数人（幸运地）从不会遇到这种情况。相比之下，莫利·克罗基特和她的团队使用了一种非常真实地感受伤害的范式——电击刺激。参与者受到的电击越来越强烈，由此可确定他们的疼痛阈值，从而获得一个真实生活经验的刺激。

之后，参与者被问及他们想支付多少钱，以避免自己或隔壁的人受到电击。研究小组之前已经发现，与避免别人受到电击相比，人们普遍愿意多支付10便士来避免让自己受到电击。[28] 对其他人造成伤害违反了道德原则，人们似乎急于避免这种情况。该团队现在感兴趣的是这种道德行为是否可以通过药物进行改变。他们选择的药物之一是西酞普兰，这是一种抗抑郁药，可以影响大脑中神经递质5-羟色胺的水平。西酞普兰显著增加了参与者对自己和他人的伤害的回避行为。参与者现在愿意支付几乎2倍的费用来避免让自己和他人受到电击。该药物并没有改变对电击的感知，而是改变了避免伤害的意愿。相比之下，影响多巴胺水平以及常用于治疗帕金森病的左旋多巴药物显示出了不同的效果。与避免自己受到电击相比，服用左旋多巴的参与者并没有支付更多的费用来避免让他人受到电击。相反，他们为两种情况支付了相似的金额。避免让人受到电击的意愿在服用左旋多巴后似乎减少了。[29]

在我们得出任何结论之前，这些发现需要被反复验证。值得注意的是，我们不应期望所有服用这些药物来治疗疾病的人的道德行为都被改变了。例如，可以预见抑郁患者的5-羟色胺基线水平与正常人相比差异很大，因此他们服用西酞普兰的效果与研究中的正常参与者没有可比性。帕金森病患者的多巴胺水平也是如此，只要他们服用的药物剂量适量就不会有问题。然而，有报道称,帕金森病患者在服用过量药物后会出现性欲亢进或嗜赌的行为,称为多巴胺调节异常综合征。[30]

这项研究表明,只需一剂普通药物即可改变道德判断。在服用西酞普兰的情况下,该效果可能非常理想。你能想象一个人人都热衷于避免伤害的世界吗?比我们现在倾向于避免伤害。犯罪率将发生怎样的变化?战争环境会受到怎样的影响?然而,通过药物治疗长期改变人们的信念和判断伴有不可忽视的副作用。此外,如果效果看起来积极,我们是否希望用药物改善我们的社会?还是应该考虑优于药物的其他提高道德水平的方式,比如教育?

潜在风险

围绕道德存在许多有争议的问题。虽然早期的成像研究希望找到道德的大脑网络,但研究人员现在试图在不同患者群体的相关脑网络中发现异常。这些发现可用于解释非典型的道德判断和行为。虽然目前只取得了有限的进展,但 fMRI 扫描提供的证据已经进入法律体系。随着技术的稳步提升,fMRI 在法庭上被常规地应用可能只是"何时应用"的问题,而不是"能否应用"的问题。我们需要新的框架和规则来规范这种应用。

更令人担忧的可能是,最近的研究表明,通过相对简单的手段就可以改变正常的道德价值观。我们在本章探讨了磁刺激、催眠术和药物,可能还有其他更有效的方法来改变个体的道德体系。我们是否希望利用这些发现在道德层面改善我们的社会?改善正常人的道德行为?或者对那些表现出异常的人进行道德"标准化"?对于某些人而言,这或许像是一场噩梦;对另外一些人来说却是一个乌托邦。面对神经科学、道德、犯罪和法律之间的融合发展,社会将何去何从?

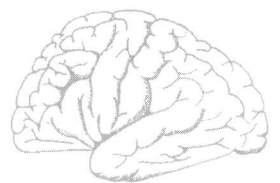

第六章

你能控制自己吗?

ARE YOU

IN CONTROL?

时间追溯到20世纪60年代,地点锁定在美国加利福尼亚州斯坦福大学,一个4岁的孩子端坐在3颗迷你棉花糖的面前。这个孩子急不可耐地想吃掉甜点,但有点为难。她被告知,要么可以立即吃下其中一颗棉花糖,要么在原地等待实验助手一会儿,这样她就可以获准吃掉两颗棉花糖。[1] 等待的时间可长达15分钟,所有参加实验的孩子都在苦苦煎熬中等待着。有些孩子等了不到1分钟便放弃了,有些孩子试图更长时间地抵抗诱惑,还有一些孩子等了整整15分钟。事实证明,这个著名的斯坦福棉花糖实验意味深远,不只是学龄前儿童是否愿意等待两颗棉花糖而已。稍做变化后,这个实验在600多名3—5岁的儿童中进行了重测。此后,这些孩子会受到定期随访并进行一系列测试。那些能够等待更长时间的孩子变成了在学业和社交上更具竞争力的青少年,并且能够更好地应对压力。[2,3] 他们30年后的身体质量指数也较低。[4]

该研究并未明确证明4岁时的自我控制是能决定日后成功的内在品质。尽管如此,沃尔特·米歇尔(Walter Mischel)和斯坦福大学的同事们进行的这项具有里程碑意义的研究确实强调了基因、环境和发育因素如何相互作用从而影响认知控制。罗切斯特大学的塞莱斯特·基德（Celeste Kidd）及其团队于2013年对此做了进一步研究，但是米歇尔和基德的实验设计有一个重要区别：孩子们参与棉花糖实验的环境是可信还是不可信。在做棉花糖实验之前，研究人员为孩子们提供了一些美术用具，比如用过的蜡笔，并告诉孩子们，他们可以现在就使用这些用过的蜡笔，也可以等实验者带回更好的美术用品，例如一套新的蜡笔。实验进行了一些人为操作，即把旧的蜡笔被放置在一个难以打开的密封罐中，这样所有的孩子都需要经历等待的过程。在可信条件下，研究人员带回了许多全新的美术用品；在不可信条件下，实验者空手而归，并表示其实根本就没有什么新的美术用品。在孩子们画了2分钟画后，两个实验组都参与了"棉花糖实验"。经历过可信环境的儿童等待的平均时间是经历过不可信环境的儿童的4倍。[5] 研究表明，自我控制并不是我们在棉花糖实验中需要考虑的唯一因素——孩子以前是否暴露在不可信或不可预测的环境中，或者孩子是否信任实验者，也同样重要。如果你认为不论怎样都不会获得更大的奖励，那么选择获得数额小却即时的奖励可能是更理性的决定。"斯坦福棉花糖实验"还有一些局限性，例如，有些孩子事实上可能比其他孩子更饥饿，而这并没有测量过。此外，他们大多是学者的孩子，因此他们有相似的背景（尽管在纽约布朗克斯的低收入家庭样本中也发现了类似的结果[6]）。而后续追踪研究都是在小样本上进行的（通常是最开始的600多参与者中的约100人），因为有些人无法联系到或者不愿意再次参加研究。

我们需要考虑的最重要一点还有：相关并不意味着有因果关系。换句话说，第三方因素，如家庭的不可预测性，可能非常重要。棉花糖实验的结果惊人，而且它们讲述了一个很好的故事。媒体经常以一种过于简化的方式来报道这类信息。尽管如此，在人生早期等待两颗棉花糖与在学校的良好表现、社会适应和苗条身材之间的联系可能并不那么简单，即使是最强的相关性也无法解释数据集的所有变化，而且并不是每个参与者都遵循相同的趋势：有人可能在10秒后就放弃了等待，但在学校表现得依然很好；也有些人在4岁时能耐心地等待，但在30多岁时体重超重。有数不清的因素会影响测量的结果，生活太过复杂以致无法得出简单的结论。"棉花糖实验"的结果并没有给我们一个恒定的规则，却让我们能够深入了解自我控制何时开始发展。如果我们能够帮助孩子掌控环境并抑制冲动反应，我们或许就能够提高适应力，并且改善生活质量和健康状况。

大脑中的控制中心

尽管有这些局限性，自我控制仍是一个有趣且重要的能力：早、中、晚都吃巧克力可能会使你变得过胖和患上糖尿病；总是表达自己的想法会令你的朋友纷纷离开你；如果你整天躺在床上看动画片，谁又愿意雇用你呢？为了调节我们的行为，我们建立了控制和抑制机制。

我们可以采用几种不同的科学方法来研究认知控制。一个常用的范式是 Stroop 测验（色－词关联测验），以 1935 年发明它的约翰·莱德·斯特鲁普（John Ridley Stroop）的名字命名。[7] 在这个测试中，颜色的名称用与颜色名称一样或不一样的墨水打印：比如，绿这个词用绿色墨水打印，或者是用红色墨水打印。作为参与者，你要说出墨水的颜色。斯特鲁普发现，当墨水与颜色名称匹配时，反应速度更快且更准确。如果不匹配（例如，单词"绿色"用红色墨水打印），参与者需要更长的时间来反应并且时常犯错误（墨水明明是红色的，他们却会说成"绿色"）——大多数成年人在阅读单词上比命名颜色更好也更快。当这两个加工过程竞争时，参与者必须通过认知努力（命名墨水的颜色）来克服自动加工（读取单词）[详见图8（彩）]。

为了找到完成 Stroop 实验所涉及的大脑区域以及它们是如何随着年龄的增长而变化的，美国哥伦比亚大学的雷切尔·马什（Rachel Marsh）和她的同事邀请了 70 名 7—57 岁的正常参与者完成 Stroop 测验并同时进行 fMRI 成像扫描。在这项发展性研究中，年龄最小的参与者表现不佳，但是青少年的表现有所改善且在成年期趋于稳定。

研究人员随后研究了大脑的激活区域，并将大脑激活与年龄和任务表现相关联。研究者发现了两个重要的脑区：右脑腹外侧前额叶皮层和右侧豆状核。[8] 前者位于右侧太阳穴后面，后者是大脑中心深部脑结构的一部分，也称为纹状体。越来越多的研究表明，前额叶皮层和纹状体之间存在连接，并称之为前额叶—纹状体回路，负责一系列认知功能和认知功能的控制，例如工作记忆、决策和计划。[9] 在这项研究中，前额叶—纹状体回路越活跃，参与者的行为表现越好，同时他们的年龄往往更大。这个重要的脑网络参与得越多，Stroop 任务中的认知控制越好。

我们还能怎样测量自我控制呢？我们以动作控制为例，通常使用 go/no-go 任务进行评估。顾名思义，该任务就是要求参与者在一种条件下执行动作（go），但是在另一种条件下不做反应（no-go）。来自日本东京大学的近石精木（Seiki Konishi）和同事们在1998年使用了一个非常简单的 go/no-go 任务，首次采用该任务对人进行了脑成像研究。他们只扫描了5名参与者的大脑，要求这些参与者在看到绿色按钮时快速按键（go），在看到红色按钮时不按键（no-go）。研究人员在寻找实验中执行 no-go 命令比执行 go 命令更为活跃的大脑区域，即参与抑制反应的区域。他们发现右额下沟（前额叶皮层的一个明显凹槽）在两种任务中存在显著差异。[10] 自此之后，脑成像研究大量兴起。由我们实验室的亚当·艾伦（Adam Aron）主导的一项研究考察了额叶皮层病变患者的反应抑制情况，并证实了右额下回（即右额下沟下方的区域）的重要性。[11] 后来由德莱克·尼（Derek Nee）和他在密歇根大学、哥伦比亚大学的同事们进行的一项元分析发现，位于面部发际线上方、朝向大脑侧面的右脑背外侧前额叶皮层在所有的 go/no-go 研究中表现出了最强的一致性。[12]

另一种测量自我控制的方法是我们之前讨论过的：为了以后更大的奖励而延迟得到即时奖励。然而，棉花糖奖励对于大多数成年人没有吸引力，神经影像学的研究采用这种范式时通常会提供金钱而不是糖果。普林斯顿大学的塞缪尔·麦克鲁尔（Samuel McClure）在2004年主导了一项关于即时奖励和延迟奖励的研究。这篇发表在《科学》（Science）杂志上的论文开篇就描述了一则关于蚂蚁和蚱蜢的伊索寓言：蚱蜢享受温暖的夏日，叽叽喳喳，歌声不断，从不担心未来；与此同时，蚂蚁不知疲倦地为即将到来的冬天储存食物。这个寓言以当冬天来临时蚱蜢饿死而蚂蚁可以从储粮上觅食而结束。我们的现实生活的场景通常没有那么戏剧化，但是作者说，我们"似乎被纠结撕扯着，纠结于是该像蚱蜢这样放纵冲动，还是该做一只持之以恒的蚂蚁——明明意识到从长远来看，后者往往能获得成功"。[13] 在实验中，14名普林斯顿大学学生面临着不同的奖励并做出了选择。一类奖励可以早一点获得（立即、2周内或1个月内），而另一类奖励要晚一些才能获得（在较早的奖励的2周后或1个月后）。较早的奖励相比较晚的奖励少1%～50%，范围从5美元到40美元不等。例如，参与者需要选择今天获得20美元还是2周之后获得30美元，同时进行 fMRI 扫描。研究者发现，当参与者选择立即获得奖励时，他们的边缘系统会有更大的激活，这个网络与奖赏预期有关。[14] 相反，当参与者选择延迟获得奖励时，他们在额侧前叶皮层（在前方朝向大脑的一侧）和后顶叶皮层（朝向大脑顶部）有更大的激活，这种激活可能反映了高水平认知加工的参与，包括抑制控制。[13]

加拿大蒙特利尔大学的马里奥·博瑞德（Mario Beauregard）和他的同事采取了不同的方法研究自我控制。他们研究了抑制性唤起的能力。该团队邀请非犯罪男性志愿者在 fMRI 成像设备中观看色情电影。在一种条件下，参与者可以欣赏电影并表现出其正常的性反应——允许他们性唤起。在另一种条件下，这些男性需要通过尽量保持与画面的"距离"来抑制性唤起。他们不得不成为一个"超然的观察者"。[15]这种抑制导致右脑背外侧前额叶皮层（前额后面）和右前扣带皮层（朝向大脑前部的深层结构）激活。其他研究也表明，在自我控制的条件下，背外侧前额叶皮层也有类似的激活，进一步强调了该脑区在控制过程中的重要性。前扣带皮层负责情绪信息评估[16]和错误监测[17]。更为重要的是，当参与者抑制唤起时，没有一个与性唤起相关的区域会被激活。[15]这表明，精神抑制可以对大脑激活产生深层次的影响。额叶皮层很有可能对大脑情绪区域（如杏仁核）进行抑制。

我们可以从这些少量的研究中看出，参与认知控制的大脑网络并非单一网络。在前面提到的那项元分析研究中，德莱克·尼比较了40多项采用认知控制任务（包括 Stroop 测试、go/no-go 任务等）的神经成像研究。结果表明，每项任务都有不同的大脑激活模式，只有少数几个区域在所有任务中被全部激活了。[12]众所周知，你在一项认知控制任务中表现良好，并不意味着你在另一项任务中也能够表现良好。[18]认知和反应控制似乎需要许多加工过程，包括持续的注意力、记忆力和动机。但即使我们不能将自我控制描述为一个简单统一的概念，我们仍然能够发现控制完整和控制受损之间的差异。

失控？

当人们无法控制其想法和/或行动时会怎么样呢？我们已知，前额叶—纹状体回路对认知控制的某些方面特别重要。该回路的功能失调可导致严重精神障碍，伴随着认知控制受损。在诸如强迫症（obsessive-compulsive disorder，OCD）[19]、图雷特综合征（Tourette's syndrome）[20]和注意缺陷/多动障碍等精神疾病中都能观察到这种功能障碍[21]。患有这些疾病的病人难以控制自己的行为或思想，或者两者皆有。

完好的神经网络与自我控制之间联系的早期证据来自脑损伤研究。1996年，美国国立卫生研究院的乔丹·格拉夫曼（Jordan Grafman）主导了一项研究，旨在测量越南战争期间脑部受伤的退伍军人和正常对照组的暴力性与攻击性。参与者和家属需要回答关于参与者的攻击/暴力行为及其态度的问题。结果令人非常吃惊：腹内侧前额叶皮层（眼睛后方区域）受损的患者在攻击/暴力量表上的得分显著高于正常对照组或脑部其他部位损伤的退伍军人。[22] 足见腹内侧前额叶皮层在自我控制过程中特别重要。

在第五章中，我们简要介绍了一位40岁时突然成为恋童癖者的教师，这种变化一直维持到他大脑中的肿瘤被摘除。此前，他突然对儿童色情制品感兴趣，并向他的继女伸出了毒手。这个年幼的女孩告诉了她的母亲，她的母亲及时报警。随后，这名男子被从家中带走，不得不接受戒除性瘾的康复计划以避免监禁。很快，因为性骚扰护士和其他病人，他被康复中心扫地出门。尽管他非常不愿意被监禁，但他无法控制自己的冲动。在判决的前一天晚上，这名男子声称自己头痛并前往急诊室就医。他还出现了身体平衡问题，因而被送去进行脑部扫描。扫描显示，其右侧眶额叶皮层长出了一个肿瘤。切除肿瘤后，他顺利完成"性成瘾戒除"项目并获准回家。几个月后，他又偷偷收集色情资料并再次出现头痛。磁共振扫描显示，肿瘤复发了。在切除肿瘤后，该名男子又恢复了原来的状态。[23]

我们遇到这个人时，正值其不道德行为时期，但他的道德知识体系似乎是完整的。他试图隐藏自己的行为，因为"他感到那些行为是不可接受的"。[23] 即使面临被监禁的可能，他也无法控制自己的冲动。这表明，眶额叶皮层（受肿瘤影响的区域）在冲动控制中起着关键作用，而且与道德加工有关，[24] 说明自我控制和道德即使不是紧密相连的，也应该是相互重叠的心理过程。

这只是关于缺乏自我控制造成严重后果的逸事之一，类似的情况还有不少。1990年,两位美国科学家迈克·戈特弗雷德森(Michael Gottfredson)和特拉斯·维希(Travis Hirschi)提出了一项备受争议的理论。根据他们的"一般犯罪理论",在有机会的情况下,自我控制能力低的人更可能犯罪。在他们看来,自我控制在童年时期发展并受父母教养方式的影响,并在以后的生活中保持相对稳定。他们认为,自我控制能力低的人更愿意满足自己的直接需求,而很少关注长期结果,这使得能立即获益的犯罪对他们来说很有吸引力。[25]许多研究小组试图验证该理论,其中有许多研究都发现自我控制在犯罪行为中起着重要的作用。该理论发表10年后,美国辛辛那提大学的特拉维斯·普拉特(Travis Pratt)和弗朗西斯·卡伦(Francis Cullen)综合分析了21项研究的结果,包括超过49 000名参与者,而且涵盖了测量自我控制的不同方法。参与者来自一般社区、罪犯者、男性、女性、成年人、青少年和不同种族群体。总的来说,作者得出的结论是,低自我控制确实是"犯罪的重要预测因素",在不同的样本中有类似的效果。[26]尽管有这些强有力的证据支持该理论,但许多人对"一般犯罪理论"提出了批评,其中一个主要批评是该理论过于简化和模糊。例如,自我控制并非一个统一的结构,但戈特弗雷德森和维希没有清晰地界定它。犯罪也是如此,包含从轻微犯罪到重大犯罪的多个类型。[27]尽管如此,许多研究的确支持低自我控制能力对犯罪行为的重要性。

2003年的一项研究有一个更重要的发现:洛夫莱斯生物

医学和环境研究所（Lovelace Biomedical and Environmental Research Institute）的艾尔·阿哈罗尼（Eyal Aharoni）及其同事将其发现称为"未来逮捕的神经预测"。该团队扫描了96名成年男性罪犯在从监狱释放之前的大脑图像。参与者需要完成一个简单的 go/no-go 的任务：当他们在屏幕上看到字母 X 时，他们必须尽可能快速而准确地按下按钮；当他们看到字母 K 时，必须抑制做反应。因为参与者看到字母 X（"go"的刺激）比字母 K（"no-go"的刺激）更频繁，所以做按键动作的反应更占优势。对"no-go"刺激的每一次按键反应都算作错误。研究人员试图预测在接下来的4年中，哪些罪犯将再次被逮捕，不考虑因轻微假释或缓刑违法而被捕的。他们专门研究了前扣带皮层的活动，这是一个与错误监测有关的脑区。[17] 前扣带皮层活动较少的罪犯在 go/no-go 任务上犯了更多错误。令人瞩目的是，这些罪犯也更有可能面临再次逮捕。[28]

结果听起来令人震惊，如果可以被重复，我们就可能启动一个使用这种有效的评估工具来阻止重新犯罪的项目。如果前扣带皮层活动较少的罪犯真的更有可能再次被捕，他们是否需要特别的监督或更广泛的再社会化培训？在下结论之前，我们先来考虑一下这些研究的主要局限性。被重新逮捕的预测并非在每个参与者身上都应验了，只不过是风险更高而已。研究人员将罪犯分为两组，一组罪犯的前扣带皮层活动较高，另一组罪犯的该脑区的活动较低。高活动组的重新逮捕风险为31%，低活动组为52%。

这样看来，前扣带皮层的活动似乎与再次被捕的风险相关，但这种相关性有多强？有多可靠？在包含低自我控制能力者在内的前扣带皮层活动较少的群体中，再次被捕的风险为52%。这也意味着这些人中大约有一半人没有再次被捕。如果对未来被捕的预测仅适用于该群体中的一半人，那么这种有针对性的项目是否合理？我们需要投入大笔资金、花费大量时间来训练人员和以前的罪犯。而为了明智地使用有限的政府资金，我们需要详细的成本收益分析。鉴于其给个人和社会带来的沉重代价，我们当然希望罪犯再犯率能被降低。但是基于这种弱预测来决定推进这些项目可能不是明智之举，未来需要更大的样本去探测这种关联是否更强大、更可靠。

还有一个更为重要的局限性：为了对未来的行动做出更可靠的预测，这些发现需要在独立样本中重复验证。而在上述研究中，因为违法者已被跟踪研究了4年多，艾尔·阿哈罗尼及其同事已经掌握了有关重新逮捕的信息，且研究人员使用了相同的参与者进行神经成像和再犯罪频率的测试。用一个新而独立的群体来跟进这项研究是很重要的。如果一组犯罪者的大脑活动能预测一个独立小组的行为，我们就会有更强有力的证据表明他们之间存在可靠的联系。我们需要这种重复的研究来确定是否有可能对再次被捕做出高度准确的预测。为那些最有可能从目标计划中受益的人找到高度准确的神经影像学预测因子将非常有用。

虽然许多研究确实支持自我控制对犯罪行为的重要性，但这并不意味着它是唯一的重要因素。人们可能因为绝望、走投无路而犯下罪行。也许他们只是想让人刮目相看，或者他们只是觉得无聊。事实上，没有一个"典型"罪犯的行为可以一言以蔽之。并非所有罪犯的自我控制能力都弱；反之亦然，并非每个控制能力有问题的人都会犯罪。

但是，我们确实知道自我调节能力的重要性，如果自我调节失败，后果不堪设想。我们如何看待脑部扫描发现的缺乏抑制性控制的参与者呢？让我们以性唤起为例。如果参与者无法控制性唤起并且在与自我控制相关的区域没有表现出激活，我们将怎样做？他们是否会进行性犯罪，他们是否有义务向警察局报备？犯罪后依然可以使用这种证据。如果对性犯罪者进行的脑部扫描表明他们无法抑制性唤起，他们是否还要为自己的行为负责？或者，这种损伤应该在法庭上视为脑功能障碍和减刑的理由吗？

我们可以控制"自我控制"吗？

我们从日常生活经验和实验研究中了解到，有些人可能存在自我控制的问题。早期的理论（如"一般犯罪理论"）假设，自我控制是一种普遍稳定的特质且因人而异。但是，它可以在同一个人身上发生变化吗？有办法削弱或改善自我控制吗？

一项研究表明，自我控制确实对实验操作敏感。1996年，美国凯斯西储大学的罗伊·鲍梅斯特（Roy Baumeister）和达特茅斯学院的托德·希瑟顿（Todd Heatherton）提出了自我控制的有限资源理论。根据该模型，调节行为的能力很像肌肉，长时间使用可能会让其筋疲力尽。[29] 研究人员接着设计了一系列实验来验证该理论。2年后，罗伊·鲍梅斯特及其同事发表了一项非常简单的研究：有67名心理学本科生报名参加了一项所谓的味觉实验。一些参与者进入了一个充满巧克力饼干气味的房间，桌子前面摆放着两种食物：一边是巧克力饼干，另一边是小萝卜。其中一组参与者要花大约5分钟品尝巧克力饼干，但不能吃萝卜；另一组参与者则被要求品尝萝卜而不能吃饼干。之后，参与者被要求解决两个似乎与味觉实验无关的难题。第三组参与者跳过食物环节，直接完成难题。所有参与者都被告知他们想用多长时间解题、想尝试多少次都可以。参与者不知道的是，这个谜题是无解的。研究人员要看的就是参与者愿意尝试多久。令人瞩目的结果是：吃萝卜情境的参与者，也就是那些不得不控制自己不吃诱人的巧克力饼干的参与者，比在实验期间吃饼干或不吃食物的参与者更快选择了放弃。作者得出的结论是，这两种看似不同的自我控制测试——抵制美味的巧克力饼干和不放弃解决棘手的难题——受到相同且有限资源的控制。[30]

许多研究试图重复这种所谓的自我损耗效应。英国诺丁汉大学的马丁·海格（Martin Hagger）及其同事对83项研究进行了元分析。结果表明，自我控制确实存在一种有限的资源。然而，他们也指出，这些心理学研究不能完全解释自我控制损耗的机制。他们指出，心境、疲劳甚至血糖水平都会对一个人的自我控制能力产生重要影响。[31]

海格和他的同事们决定进一步研究：他们开始尝试一项更大规模的重复研究。他们认为，有关自我控制作为一种有限资源的以往文献可能都存在发表偏倚的问题——一般倾向于发表正性结果，而不发表负性结果。为了避免这种发表偏倚，研究人员创建了一份重复注册声明。在开始研究之前，他们宣布了一项实验计划，无论结果怎么样，都同意发表他们的结果。来自不同国家的23个研究小组对2000多名参与者进行了同一个任务基于计算机的测试。这个任务是钱德拉·斯里帕达（Chandra Sripada）和他在密歇根大学的同事们共同研发的。[32]

计算机实验程序是这样的：在第一部分，计算机屏幕上一次显示一个单词。对照组中的参与者执行了一项相当容易的任务：只要单词包含字母e，他们就需要按键；而自我损耗组中的参与者需要执行一项更难的任务：只有当字母e不在元音旁边或距离元音超过一个字母时，他们才需要按键，所以他们可以对"麻烦（trouble）"这个词按键，但对"商业（business）"这个词不能按键。在第二部分，给出了0～3之间的三个数字，其中两个是相同的，另一个是不同的，参与者需要识别不同的那个数。他们需要做出的反应是按下三个按键中的一个，其食指、中指和无名指分别对应数字1、2和3。参与者现在必须对数字本身而不是位置进行反应。例如，他们会看到数字序列"2 1 2"，并用他们的食指

（对应数字1）而不是他们的中指（对应目标的位置）做出反应。对于自我损耗组，这两项任务都需要相当多的认知控制资源。但是，第一项任务是否会损耗过多的自我控制资源以至影响第二项任务呢？超过2000名参与者的大量重复研究显示，没有明显的自我损耗证据。在23项研究中，只有两项研究发现，自我损耗组的参与者在第二项任务中的表现比正常对照组差得多，而其他实验室的研究结果都不支持自我损耗效应的存在。[33]

然而，这项研究也并非无人批评，其中一位批评者便是最初提出了自我损耗观点的罗伊·鲍梅斯特。研究团队在设计研究时咨询了鲍梅斯特，但他的许多建议对于这么大的实验来说是不可行的。任务必须是标准化且基于计算机的，以确保它可以在所有实验室中以几乎相同的方式运行。因此，在实验室中闻到新鲜饼干的气味是不可行的。鲍梅斯特批评了这项研究，理由是在计算机屏幕上而不是用纸笔进行测验可能会影响任务的难度。他表示，他也会使用不同的程序来完成"字母e"任务：在引入更复杂的规则之前，他会先训练所有参与者通过寻找字母e来建立习惯。他还说，这会使任务更具挑战性，因为参与者会在看到e时体验到反应冲动。[34]关于自我损耗的概念仍然众说纷纭，这个概念可能需要进一步明确，因为在不同的实验条件下，这一效应并不很稳定。

来自加拿大多伦多大学的迈克·因兹利奇（Michael Inzlicht）和美国得州农工大学的布兰登·施梅切尔（Brandon

Schmeichel)也对自我损耗的概念持批评态度(事实上,这两位也为最近的重复实验做出了贡献)。他们同意第一个自我控制任务可能会影响第二个自我控制任务的成绩。因兹利奇和施梅切尔认为,这不一定是由于自我控制资源的损耗。他们提出了另一种机制:动机的转变。

如果你拒绝了午餐后美味的巧克力饼干,你也许更有可能在晚餐后吃一块蛋糕。但这是否意味着你已经用尽了当天的自我控制资源:你现在"失去控制"了吗?也许是你的动机改变了?虽然你想在午餐后控制你的糖摄入量,但你可能会在晚餐后主动选择吃甜点——有意识地决定不控制自己,因为你觉得自己的行为该有所回报。如果你甚至不想自我控制,我们能得出关于你的自我控制能力的任何结论吗?因兹利奇和施梅切尔认为,在自我控制实验中,动机往往被忽视了。自我控制的第一个任务通常较难,参与者可能只是不想在第二个任务上继续努力。也许他们能做到,只是他们选择不去做,因为他们没有得到足够的奖励来促使他们努力工作。[35]

当美国奥尔巴尼大学的马克·穆拉文(Mark Muraven)和伊莉莎维塔·斯莱斯萨列娃(Elisaveta Slessareva)根据参与者在第二次自我控制任务中的成绩对参与者进行奖励时,无论参与者是否已经执行了第一次"损耗"自我控制的任务,他们都表现得同样出色。参与者在任务上表现出的动机有多大至关重要,且这种动机不一定是金钱。在另一项不同的实验中,穆拉文和斯莱斯萨列娃告诉参与者,他们在问题解决任务中的表现将对理解记忆有意义,并有助于开发治疗阿尔茨海默病的新疗法。完成过第一个自我控制任务的参与者在难题解决上的表现得和对照组一样好。[36] 无论参与者是出于金钱动机还是认为可以帮助他人的信念,增强动机都会提高自我控制的表现。

而且,动机本身也会受到其他因素的影响。例如,一个人控制自己行为的意愿取决于具体情景。如果你周六晚上在酒吧与朋友聊天,你可能会放松并且有点微醺;相比之下,如果你在办公室参加圣诞派对并坐在你老板旁边,你更有可能控制你的酒精摄入量。社会情景决定了你自我控制的动机,而不一定是你进行自我控制的能力。

达特茅斯学院的托德・希瑟顿(Todd Heatherton)和同事迪伦・瓦格纳(Dylan Wagner)进一步发展了自我控制理论。2011年,这对搭档提出了自我控制的平衡模型。他们认为,成功的自我控制依赖于两个系统之间的平衡:用于认知控制的前额叶皮层和涉及奖赏与情绪的更深层的脑区。若前额叶皮层受损或奖赏/情绪系统变得太强,自我控制就会失败。[37] 换句话说,尽管你正在节食,你却吃了一块巧克力蛋糕,这可能是因为你的前额叶皮层无法很好地控制你的奖赏中心,或者是因为蛋糕的美味强烈地激活了你的奖赏中心,抑或是两者的结合。

马里兰州国家药物滥用研究所的现任主任诺拉・沃尔考(Nora Volkow)在可卡因成瘾者中观察到了这种令人印象深刻

的效应。24名可卡因成瘾者观看了人们购买、准备和吸食可卡因的视频片段。在一些试次中，参与者不得不克制他们对可卡因的渴望；而在另外一些试次中，他们被告知不需要克制。当参与者主动克制他们的渴望时，与奖赏加工相关的脑区（即眶额叶皮层和纹状体的一部分）表现出了较低的激活。这些脑区的激活减少与额叶区域的激活增加相关联，说明额叶区域参与了认知控制。[38] 这一证据表明，控制和奖赏脑区之间的平衡使得我们的自我控制成为可能。

自我控制损耗发生时会发生什么呢？迪伦·瓦格纳在对慢性节食者的研究中回答了这个问题。共有31名符合慢性节食标准的女性完成了 fMRI 成像任务。首先，这些女性观看了一部关于绵羊的短纪录片。在视频中，会有单词出现在屏幕底部并移动到中心。一半女性可以阅读这些词；另一半则需要抑制阅读文字并专注于纪录片。这可能听起来很容易，但这些令人分心的文字实际上是很难被忽视的，而这种范式已经被很好地证明能用于对自我控制损耗的研究。在观看了关于绵羊的纪录片后，这些女性完成了第二项任务。研究者给她们呈现一些美味食物（如甜点）的照片，或者是关于人物、风景的中性图片。对于每张图片，节食者只需要判断图片显示的是室内还是室外的东西即可，以确保她们保持觉察。

这项研究的有趣之处是两组节食者间表现出的差异：之前执行过自我控制损耗任务的女性在食物线索的反应中表现出了更

高的眶额叶皮层激活。在其他任务中，位于眼睛后面的大脑区域涉及奖赏加工。此外，这些女性的眶额叶皮层与额下回（参与认知控制的前额叶皮层的一部分）的大脑功能连接有所降低。[39]这一证据表明，当自我控制损耗时，巧克力蛋糕似乎更有吸引力，控制你的渴望也更难。

  当你感到有压力时，来自巧克力蛋糕的诱惑似乎难以抗拒。来自瑞士苏黎世大学的西尔维亚·迈尔（Silvia Maier）和她的同事们揭示了压力对决策和大脑激活的显著影响。参与者是51名健康的男士，他们致力于健康地饮食和运动，但同时也喜欢垃圾食品，平均每周会消耗7～8种垃圾食物。实验开始时，这些男士对180种食物在健康和美味方面进行了评定。在进入扫描仪之前，大约一半的人完成了压力测试：他们需要将手放入冰冷的水中待3分钟并且直面摄像机进行录像。其他参与者将手放入温水中，且不进行录像。之后，这些男士们在接受fMRI扫描的同时对食物进行选择。他们需要在两种食物之间做出选择判断，并被告知他们在扫描结束后会吃到选择过的食物的一种，扫描结束后会随机给他们吃一种食物。

  与对照组相比，经受压力的参与者更有可能根据食物的美味程度做出选择。特别是当两种食物之间的味道差异很大时，压力组倾向于选择一种美味、不健康的食物，而不是一种健康、不太美味的食物。[40]基本上，对于压力组的参与者来说，巧克力饼干肯定会打败萝卜。这种效应已被证实，也并不令人惊讶。[41]这项研究的特别之处在于，研究人员比较了压力和非压力条件下参与者大脑激活的差异：在有压力的参与者中，研究人员发现食物的美味程度与腹侧纹状体和杏仁核的激活密切相关。这两个深层的大脑结构都参与了奖赏加工，并赋予刺激以动机价值。[42, 43]此外，对于经受压力的参与者，两个参与自我控制的前额叶脑区之间的功能连接显著降低。[40]这项研究揭示了压力对大脑功能和自我调节能力的巨大影响。等你下次又想在节食期吃巧克力蛋糕时，先参加瑜伽或散步等放松活动会是一个更好的选择。

还有其他方法可以改善自我控制能力吗？另一种拒绝美味的巧克力蛋糕的方法可能是主动思考你的未来。来自美国布法罗大学的蒂努克·奥卢约米·丹尼尔（Tinuke Oluyomi Daniel）及其同事在26名超重或过胖的女士中验证了这个想法。他们的假设是：若想为了获得未来的收益从而拒绝即时奖励，参与者需要具备思考未来结果的能力。换句话说，如果你想对巧克力蛋糕说"不"，那么想象"未来更健康的你"是有帮助的。大约一半的女士完成了一项任务：用列出可能的未来事件来让她们不得不思考未来，而其他女士则阅读描述趣事的旅游博客。接下来，这些女士必须评价高热量食物（如肉丸、香肠和饼干）的吸引力，当然只能远远地看着它们。这种范式被用来增加她们的渴望。过了一会儿，女士们可以在15分钟里无限制地获取食物，并要评定食物的味道和材质。女士们不知道的是，研究人员并不关心其评定的结果。研究者只对这些女士在15分钟内吃了多少食物感兴趣。

思考未来对超重和过胖的女士产生了巨大影响：她们平均摄取的热量比关注旅行博客的人群少了300大卡（1255千焦），[44]大约等于1.5块巧克力饼干或5个中等大小的肉丸的热量。所以主动思考你的未来会影响你现在所做的事情。一个忙碌的学生可能会发现，如果他主动思考未来的奖励（如一个好的学位、一份理想的工作），就会更容易待在家里学习而不是去参加派对。这完全是思考角度的问题。

除了主动思考未来外，还有其他方法可以改善自我控制。马克·穆拉文研究了训练能否产生积极的效果。他让92名成年人在2周内训练同一个任务。参与者必须禁止吃甜食，或者每天两次紧握手柄（这会导致身体上的不舒适），或者每天花几分钟解决数学问题，或者写一写与自我控制行为有关的日记。尽可能长时间避免吃甜食和紧握手柄是为了训练自我控制而设计的任务，因为它们需要参与者抑制自己的冲动。相比之下，每天花几分钟解决相对简单的数学问题或写日记应该不需要大量的自我控制资源。穆拉文发现，与其他参与者相比，减少甜食或紧握手柄的人在2周后表现出了自我控制能力的提高。值得一提的是，所有参与者都被告知他们正在训练自己的自我控制。因此，我们可以排除对改善自我控制的预期所产生的重要作用，只有真正参加过自我控制训练的人才能从中受益。[45]

这些研究表明，自我控制的确会因我们的经验或环境而改变。它不是一种个性特质，而是一种会损耗但也可以增加的认知资源。这对治愈因为低自控力导致的紊乱和不健康行为具有重要意义。马克·穆拉文试图探索是否可以通过训练吸烟者的自我控制能力来帮助他们戒烟。122名吸烟者参加了他的实验，完成了我们刚刚描述的任务之一：戒糖果、抓手柄、做数学题或记日记。所有参与者都希望戒烟。经过2周的日常训练，他们被告知要戒烟。在接下来的28天里，参与者每天必须向研究小组报告他们是否复吸了。在此期间，还要对他们的呼吸进行了四次检测以验证他们是否吸烟。令人瞩目的结果是：与训练2周非自我控制任务的参与者相比，进行了2周自我控制任务训练的参与者成功戒烟的可能性约为前者的1.5倍。[46]

这些结果表明，自我控制训练可以为低自我控制能力的人带来巨大收益。如果2周的简单训练可以产生如此大的作用，那么对于药物滥用、病态赌博或者过度肥胖的人来说，长期训练是否有效？科学才刚刚开始表明自我控制训练对大脑回路和行为有益，[47]并且看起来前途一片光明。认知训练对行为有较强影响的观点发人深省，特别是这些干预措施带来的风险很小但收益很大。

我们到底有多大的控制力？

既然我们已经进入了自我控制这一章，就让我们更进一步思考：我们真的有控制权吗？

神经科学最近开始涉足回答一个基本的哲学问题：我们有自由意志吗？2008年，来自马克斯-普朗克人类认知和脑科学研究所（Max Planck Institute for Human Cognitive and Brain Sciences）的约翰-迪伦·海恩斯（John-Dylan Haynes）团队发表了一项开创性研究。他们邀请了14名参与者在接受 fMRI 扫描的同时观看一系列字母。当他们感到有这样做的冲动时，就被要求按下两个键中的一个。何时按下以及选择哪个按键完全取决于他们自己。实验参与者在做出按键决定时，也需要说出屏幕上呈现了哪个单词。因此，研究者可以识别参与者在什么时候进行了有意识地按键。大多数参与者在按键前1秒就做出了有意识的决定。但研究者试图回答另外一个问题：他们能否找到一个脑区来预测哪个按键将会在参与者做出有意识的决定之前被按下？换句话说，有哪一个脑区会在参与者行动之前就"知道"或"决定"将会按哪个键？研究人员声称已经找到了这样一个脑区：它是前额叶靠前的一部分，位于额头后方。科学家们发现，在参与者做出有意识的按键决定之前的7秒内，预测将按下哪个按键的信号就能被检测到。[48] 这是一个意想不到的巨大时间差。数据表明，决策过程非常复杂，在进入意识之前还涉及无意识的加工过程。这些结果很难解释。这项研究的一个重要的局限性是，该模型还不够完善。提取来自前额叶皮层前部的信号时，研究人员只有3/5的概率准确地预测反应：虽然这肯定高于随机概率，但它远不是一个完美的预测指标。

美国加州大学的伊扎克·弗里德（Itzhak Fried）及其同事后来进行的一项研究采用了不同的方法。当癫痫患者接受开颅手术治疗时，将电极植入他们的大脑，以找到其病灶点。研究人员还利用这些电极进行了一项实验：患者观看了一个有旋转指针的模拟时钟。当他们有停止时钟转动的冲动时，就需要按键。然后，他们需要把指针转回刚刚决定按键时的位置。通过电极记录，研究团队能够在参与者做出有意识的决定之前的700毫秒内做出有4/5的准确率的预测反应。这些电极记录定位在辅助运动区（大脑上部涉及运动控制的脑区）。[49] 这种惊人的结果可能是因为电极记录信号比 fMRI 信号更敏感。该研究提供了更多有关无意识决策过程的证据。

如果在你意识到它之前，你的大脑的一部分就已经做出了决定，这还是你的决定吗？你可能会认为它仍然是你大脑的一部分，所以说到底，还是你。该研究只是表明，在你意识到一个决定之前，有些过程已经发生了：但它无法确切证明不存在自由意志。在这一点上，科学辩论就变成哲学辩论了。只能由你来自己做决定了。

获得控制权

我们已经发现，自我控制是一种重要的资源。你在4岁时等待第二颗棉花糖的能力并不一定能预测你将来的生活，但它依然是一个值得注意且重要的过程。失去对你的思想、冲动或情绪的控制可能会产生严重的后果，例如，犯罪行为、不健康的习惯，甚至是严重的精神障碍。但是这样的失控会减少你对这些行为该负的责任吗？

意识到压力或多次不能适时地自我控制可能会削弱我们的自我调节能力，是有意义的。工作时间紧迫或试图忽略你的脸谱网通知，都可能让你更容易在午餐时间吃美味的蛋糕，而无论你宣誓减肥的时候有多么真诚。但反复进行小小的自我控制训练可以让你变得更为强大，并能帮助你抵御诱惑。是时候采取自我控制的行动了吗？

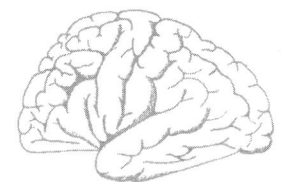

第七章

看看你的大脑，
我就知道你要买什么？

SHOW ME
YOUR BRAIN AND
I KNOW WHAT YOU BUY?

美国"超级碗"①有电视上最昂贵的广告位。30秒的商业广告需要公司支付大约300万英镑,并且这一价格还在逐年上涨。这还不包括广告的实际设计和制作费用,仅仅是买到了一个向最大的电视观众群体秀一下的机会。

尽管这是一个极端的例子,但广告确实会花费公司一大笔钱,因而公司都想要这笔钱花得值当。难怪公司希望找到某种工具来测试他们的广告,并在签订经济合同之前就知晓消费者会有何反应。所使用的工具往往是基本的问卷调查或焦点小组,但它们并不完美。一个人在问卷调查或小组讨论中外显表达的内容可能并不是其偏好和感受的客观描述。人们可能会有失偏颇,或给出模棱两可的答案;可能会决定隐瞒自己的真实观点,甚至可能没有意识到自己的真正偏好。由于有些决策过程可能是下意识的,因此人们真的理解他们想要什么吗?神经成像(neuroimaging)可以揭露从我们不愿承认到没有意识到的有关购买欲望的信息吗?

公司需要更加客观和更具预测力的举措,以帮助其了解消费

---

① 美国橄榄球超级杯大赛。——译者注

第七章 看看你的大脑，我就知道你要买什么？ • 115

者如何进行决策以及哪些产品会获得成功。一个新的希望是将神经科学用于市场营销，即所谓的神经营销学或消费者神经科学。科学界和商界可以在三个阶段之一相遇：形成产品的构思、评估完成的成品，以及测试市场营销策略。

何时将神经科学应用于产品开发和广告宣传是适当的呢？只有当这些技术能够告诉我们一些本无法知晓的信息时，神经科学的这些应用才真正有意义。如果我们不想依赖人们的外显答案，我们还可以通过监测皮肤电（skin conductance，SC）或心率来测量其生理反应。那么，神经科学真的优于其他生理测量吗？它可以为我们添加一些从简单的问卷调查中无法获取的信息吗？

超越传统手段

这个问题是由美国坦普尔大学的维诺德·文卡特曼（Vinod Venkatraman）及其同事提出的。他们的研究由广告研究基金会（Advertising Research Foundation，ARF）资助，这是一个总部位于纽约的非营利组织，其成员包括大型公司、广告公司、传媒公司和学术机构。这项研究希望找到用于市场调查的最有前景的技术——这一技术能可靠地预测产品在未来是否成功。他们测试了六种技术［自我报告、内隐测量（类似于你在第三章中读到的内隐联想测验）、眼动追踪、生物识别（心率和皮肤电）、脑电图

(EEG，使用电极探测脑中电场的变化)和 fMRI]，并就其预测值进行了比较。参与者观看了 37 段电视广告，在此期间选择上述技术中的某些技术记录其反应；此后，研究者利用所获数据预测广告的成绩，并与实际广告效果进行比较。[1]

迄今为止，最好的预测手段仍然是传统的自我报告方法。直接询问参与者对广告的喜爱程度以及他们是否打算购买相应的产品，似乎仍然是市场成就的最佳预测指标。但值得注意的是，186 名参与者完成了传统手段的测量；相比之下，仅有 29 名参与者完成了眼动追踪、生物识别和 EEG，33 名参与者完成了 fMRI。这是与各自技术相对应的颇为标准的样本数量，但我们必须在解释结果时考虑组别大小的差异。例如，如果更多参与者完成了 EEG 研究，这些数据可能会提供更多信息。神经成像的一个优点是可以从相对较小的群体中获得市场信息，而这在一定程度上抵消了神经成像的花费。

既然如此，新兴的神经营销领域还有什么希望呢？研究者想知道，是否存在超越传统测量手段的能够预测市场成效的技术。他们确实找到了一种——唯一能够提高预测准确度的技术就是 fMRI。而且，仅有一个脑区被证明是至关重要的，即腹侧纹状体。[2] 它是一个接近你大脑中心的深部脑区，参与对奖赏的预测。[3] fMRI 数据仅能提高约 5% 的预测准确率，但更大的样本量与更复杂的数据分析方法可能会使这些数据更有用。而当一家公司在策划数百万英镑的广告活动时，即使是一个微小的改进也可能颇有裨益。

这是第一项直接比较传统和新兴测量手段在预测广告成效方面的价值的研究。尽管有其局限性，但该研究表明，fMRI能够为市场营销提供某些帮助，值得对其做进一步的研究；而其他支持fMRI这一应用的证据也紧随其后。

fMRI在市场调研中的应用

这一切都始于有关百事可乐和可口可乐的一项研究——该研究由贝勒医学院（Baylor College of Medicine）的塞缪尔·麦克卢尔（Samuel McClure）和李建（Jian Li）主导，着眼于这两种软饮料之间的区别。百事可乐和可口可乐在成分和口味上非常相似，许多人在盲品①测试中无法分辨他们正在喝哪种可乐。百事可乐甚至在20世纪70年代发起了一项名为"百事可乐挑战"的广告活动，要求参与者在购物场所或其他公共场所盲品测试这两种饮料，旨在鼓励人们将注意放在饮料的口味而非文化联系上。

尽管在口味和成分上具有相似之处，但可口可乐仍然占有更大的市场份额。为什么一个品牌能够比另一个更加成功？研究者邀请参与者品尝可口可乐和百事可乐，并同时接受fMRI扫描来探究这一问题。首先，参与者进行盲品测试来选择他们更喜欢喝

---

① 盲品指在不知晓品牌的情况下品尝。——译者注

哪种饮料，结果百事可乐与可口可乐被选中的频率相同。此后，在 fMRI 扫描仪中给予参与者饮料，并记录其脑活动。该研究设置了一个有趣的变数：16 名参与者以随机顺序品尝百事可乐和可口可乐，且未被告知品尝的是哪种可乐；另外 16 名参与者只品尝可口可乐，且在有些情况下他们被告知品尝的是可口可乐，而在其他情况下他们只会看到有盏灯。研究者利用这一实验设计探究纯粹的口味体验与品牌提示下的体验有何不同。实验结果非常令人瞩目。

当参与者未被告知喝的是哪种可乐时，研究者发现他们的盲品偏好与脑活动之间有一定的关系。具体而言，腹内侧前额叶皮层的活动与盲品偏好相关。[4] 这一脑区位于双眼上方，对于奖赏的评估，尤其是奖赏的主观价值，非常重要。[5] 当腹内侧前额叶皮层对可口可乐比百事可乐有更强的激活时，参与者也更可能偏好可口可乐而非百事可乐。实质上，你的大脑会表明你真正偏好的饮料。

那么，如果参与者接受了品牌提示，又会发生什么呢？请记住，他们在实验中仅品尝了可口可乐，但有时他们被告知喝的是可口可乐，有时则没有品牌提示。在这种情况下，感觉信息完全相同——无论是否有品牌提示，参与者品尝的都是相同的饮料。但 fMRI 数据显示，二者的脑活动存在很大差异，知道品牌会使得海马和背外侧前额叶皮层激活增强。海马是一个深部脑区，参与包括自传体记忆等记忆的形成和回忆。[6] 而背外侧前额叶皮层位于靠近大脑一侧的发际线的上方。正如我们所看到的,这一脑区对认知控制至关重要。[7]知道喝的是哪种品牌的可乐可能会影响你的知觉,因为你会把品牌与文化背景联系起来。

这是最早表明我们的知觉如何被影响的研究之一。但除了品牌之外,还有哪些因素影响我们的知觉?请想象,你因受邀参加晚宴而去超市购买葡萄酒。时间匆忙,你没有时间查阅评论或向朋友寻求建议。你将怎样挑选一瓶好酒?一个简单的方法可能是通过价格来挑选——最便宜的葡萄酒就一定很糟糕,而最昂贵的葡萄酒就一定很棒吗?

2008年的一项研究表明,价格确实很重要,它可以极大地改变我们对葡萄酒的评价。来自加州理工学院的希尔克·普拉斯曼(Hilke Plassmann)及其同事要求20名参与者在fMRI扫描设备中品尝红葡萄酒,并判定自己对它们的喜爱程度。参与者被告知这些红葡萄酒的价格分别为5美元、10美元、35美元、45美元和90美元。这里有一个小圈套,参与者并不知道他们其实只品尝了三种葡萄酒,因为5美元和45美元的葡萄酒以及10美元和90美元的葡萄酒其实是同一款酒。令人惊奇的发现是,若提高相同葡萄酒的价格,参与者会报告他们明显更喜欢这款葡萄酒。尽管完全相同,但90美元的葡萄酒的受喜爱程度大约是10美元的葡萄酒的2倍。价格也与不同的脑活动有关。相较于更便宜的葡萄酒,90美元和45美元的葡萄酒会导致内侧眶额叶皮层产生更强的激活。[8]这一位于双眼后侧的脑区与快乐的体验有关。例如,当观看一幅美丽的图画或聆听一首悦耳的音乐时,它会被激活。[9]正如该研究所表明的,一瓶"好"葡萄酒似乎也有类似的效应。重要的是,对葡萄酒进行基本感知觉的初级味觉区在不同价格的葡萄酒间并未表现出差异。[8]也就是说,价格可能在更高的认知水平上对你的知觉进行调节。如果你为晚宴选择最昂贵的葡萄酒,它可能在客观上并不会更美味,但你仍然会感觉它比便宜一些的葡萄酒更令人愉快。你可以自行决定这项投资是否明智。

在公司确定定价策略时,这样的研究被证明是非常有价值的。以更高的价格出售与奢侈品相关的商品可能会更成功,因为人们对愉悦的期望和体验都会有所提升。不过,神经营销能够提供品牌与定价决策以外的信息吗?

美国埃默里大学的格雷戈里·伯恩斯(Gregory Berns)和萨拉·摩尔(Sara Moore)的一项研究证明,神经营销可以直接预测产品的成功。研究者想探究是否可以通过为青少年播放歌曲并同时记录其脑活动,来预测歌曲的销量。他们给27名年龄为12—18岁的青少年播放歌曲片段,歌曲涵盖从乡村音乐到金属摇滚等各种流派,且由无名或相对不知名的艺术家创作。参与者只需要听自己最喜欢的流派的歌曲,然后就喜爱程度评分。令人惊讶的是,这些主观评价与歌曲在其后3年的市场成绩并无关系。换言之,询问青少年关于歌曲的简单问题对音乐产业可能并不是很有用。不过,大脑中有什么隐藏的信息吗?

实验结果表明,歌曲的商业成绩与青少年伏隔核的活动密切相关，[10] 而这一深部脑区参与对令人满足、愉快的刺激的加工。[11] 研究者利用该脑区的活动将歌曲分为未来成功与不成功的两类。当未来成功被定义为专辑销售量高于15 000张时，该模型可以正确识别80%的不成功歌曲，但仅能区分30%的成功歌曲。[10] 然而，这里有何为"成功歌曲"的定义问题。"黄金"专辑必须达到至少50万的销量，但该研究中仅有少数歌曲符合这一"黄金"标准（可能是因为它们由相对不知名的艺术家创作）。我们需要使用获得更广泛市场成功的歌曲，以了解脑成像数据在预测市场销售方面多有用。但我们怎么知道纳入哪些歌曲？这不正是这项研究本身的目的吗？你可以看到，在合理利用神经营销之前，它还必须克服一些技术难题。考虑到我们前面描述的有关品牌的研究，知名或具有"品牌效应"的艺术家可能会对如海马等不同脑区产生影响，尽管有证据表明真实的人和品牌并非以相同的方式被加工。[12]

该研究似乎让音乐产业对传统测量手段丧失了信心，毕竟主观评价并未被证明对预测销量有用。但我们必须考虑这里的样本容量很小、问题非常简单。例如，参与者仅被询问对歌曲有多喜爱和有多熟悉；在更大的群体中进行更详细的访谈可能会更有用。并且，青少年仅能代表市场的一部分。歌曲的购买者包括各个年龄段的人，具有不同的社会经济背景。因此，询问一小部分青少年对歌曲的印象可能不足以预测市场成效。然而，青少年无法代表整个市场的这一事实使得神经成像的发现更加有趣。如果这样挑选出来的样本能提供有关整个市场的信息，将说明这种手段非常有用。也许歌曲只是略有不同，这一差异太小以至无法从简单的问题中检测出，但这些微妙之处可能会反映于脑活动中。

神经营销的未来

正是这种"隐藏的信息"——参与者甚至没有意识到的知觉上的微妙差异——使得神经营销如此有魅力。迄今为止，我们只有有限的数据来判断我们是否能够真正揭露这些信息并以有益的方式使用它们。尽管如此，已经有无数的神经营销公司与广告商合作，许诺通过窥视消费者脑内的工作来提高产品的销量。

不幸的是，这些神经营销公司并不受学术水准的约束。他们通常不会在科学界可看到的同行评审的期刊上发表其研究发现。当然，他们可能有充分的理由不这样做——如果某种分析神经成像数据的方式被证明对市场营销特别有用，将是一个主要的销售参数和超越其他公司的优势。如果一家神经营销公司希望保持其竞争优势，那么与世界分享其见解和方法可能具有破坏性。或许已经有一种很好的方法可以预测产品的市场成绩了，或已可基于神经成像数据完善产品设计了。我们怎么知道呢？

我们认为这种突破还不太可能发生，因为神经成像面临一些重要的缺陷。身处嘈杂的 **fMRI** 扫描设备中，与随意漫步在购物中心决定为你的侄女购买哪个小火车是不一样的。如果研究场景并不贴合实际，我们就无法直接推断现实世界中的消费者行为。fMRI 与其他大多数神经成像技术一样，都无法对现实世界中的购买决策进行测定。即使是便携式 EEG 电极帽，也要求参与者尽可能保持静止，且最好在隔离房间内进行测量。

对企业来说，财务成本也是格外重要的一个因素，而 fMRI 与其他大多数神经成像技术一样是非常昂贵的。2006 年，剑桥大学购买了一台最先进的 fMRI 扫描仪，花费了大约 140 万英镑。目前，进行 1 小时实验的费用是 620 英镑，其中大部分钱用于维护设备和支付给操作扫描仪的受训人员。重要的是，这一折扣价是由一所只关心设备运行成本的大学所收取的。如果一家神经营销公司购买 fMRI 扫描仪并向其商业客户收取费用进行实验，这一商业价格可能会更高。为了让它真正发挥作用并证明这种投资的正当性，这项技术必须优于传统测量手段。例如，超市可以通过会员卡收集消费者行为的数据，网购可以被相对便宜且轻而易举地追踪。这些大数据集使公司能够将其营销目标锁定于个体。神经营销可否超越这些传统手段仍有待证实，尽管可以将这些方法组合起来使用。

另一大局限是反向推理问题。[13] 基本上，"如果 A，那么 B" 并不一定意味着 "如果 B，那么 A"。如果你的老板对你微笑，然后你得到加薪，这并不意味着未来每当老板对你微笑时你都会得到加薪。类似地，一项研究可能表明认知过程 A 会激活脑区 B；如果现在有另一项研究发现脑区 B 被激活，并不能证明其中只涉及认知过程 A。脑区 B 可能参与包括认知过程 C、D 和 E 在内的许多不同的认知过程。你明白这个意思。

反向推理的谬误在 2011 年导致了一场公开辩论。一位品牌顾问在《纽约时报》（*New York Times*）的观点与评论版发表了一篇题为"你爱你的 iPhone，名副其实"的文章。他与一家神经营销公司合作，对 16 名参与者进行了 fMRI 研究。参与者聆听、观看一个铃声响起并振动的 iPhone，其大脑活动被记录下来。以下是该文章的作者撰写的有关其研究的内容：

> "最令人瞩目的是大脑岛叶的一系列激活，这与爱和同情的情绪有关。参与者的大脑对他们手机铃声的反应就如同其对女朋友、男朋友或家人出现或靠近时的反应。"[14]

这听起来像是一个了不起的发现吧？这一解释只有一个问题：岛叶其实参与多种加工。事实上，对超过 3000 项神经成像研究的元分析表明，岛叶是最常被激活的脑区之一。[15] 它似乎参与需要将注意指向显著刺激的各种任务。因此，基于这一发现，"人们爱他们的 iPhone"这一解释是没有道理的。它甚至导致 45 位神经科学家给《纽约时报》写信解释，为什么他们认为这一说法并不科学有效。[16]

与此类似的实例应该提醒我们，大脑不是一个简单的器官。认知通过激活各种相互联系并调节彼此活动的脑区来工作。一个脑区可以是许多回路的一部分，并参与不同的过程。这就是为什么我们没有"爱的中枢"或"道德脑区"。并且，只有当一个脑区被不同研究者通过不同的研究设计表明其一直被某一特定过程激活时，我们才能假设它参与了该过程。实际上，科学家们通常会通过使用几种不同的技术得到相同的答案来证实其研究发现，而非仅仅依靠单一的实验设计。

但是，我们在这里忽略了一个重点。对学术界来说，这些反向推理的实例可能非常令人不安；但是，为了建立一个能够预测产品取得市场成功的有效模型，我们并不需要对大脑网络进行任何解释或推论。如果一套计算机算法可以表明大脑中的某回路能够以90%的准确率预测流行歌曲的销量，那么我们还真的需要了解这条回路在大脑中做了什么吗？

我们中的许多人会非常想知道这条回路做了什么，研究者可以致力于查明其功能。但对纯粹的商业应用而言，这种"黑匣子"不是问题。只要它能够足够好地预测市场，企业不一定需要理解其背后的神经科学。听起来，这可能对某些人来说是非常有前景的，却可能使另一些人深感不安。尽管如此，我们又真正理解多少现象？在常规性地给患者多种药物的情况下，我们并不完全了解药物的多种功能中的哪一功能导致了有益的治疗效果。它们只是起作用了，而这足以证明使用它们是有道理的。为什么神经营销就应该有所不同呢？

神经营销合乎伦理吗?

让我们来假设神经营销有朝一日大获成功。将不同版本的"超级碗"广告给人们看,然后其脑活动会告诉导演哪一个最成功。或许我们可以"设计"完美的政治候选人,因为神经营销会告诉我们哪种发型、服装和演说将获得最佳效果。或者,神经营销可能有助于创造终极肥胖因素——一种如此令人上瘾的食品,以致我们无法停止食用它。

常规营销与神经营销之间是否存在根本区别?如果事实证明我们的大脑中存在大量可被获取并用于营销目的的隐藏信息,那么操纵消费者的新方式将被开发。而消费者的自由选择呢?无论广告制作得多好或某种食物多么美味,你都不会被迫购买和消费它。最终,还是你在决定放在晚餐餐桌的食物是什么和选择哪一个政党。但你的选择可能会受到聪明的市场营销的影响和操纵。

当我们的自控力或做好决定的能力并非处于最佳状态时,这尤其令人担忧。在紧张忙碌的一天过后,我们可能更容易受到有针对性的市场营销的影响,而我们所有人都是如此。对于大脑尚处于发育中、认知功能尚未发育完善的儿童又会如何呢?我们难道该允许神经营销超越当前市场规范来操纵他们吗?

一些人可能害怕神经营销会被用来对付我们。公司可以让我们为其产品支付更高价格,因为神经成像帮助他们确定了理想的定价策略。但神经营销也可以以互惠互利的方式使用。如果流行歌曲、电影或食物被设计得更讨人喜欢,我们所有人或许都会从中获益。也许神经营销可以用来使健康、营养的食物更具吸引力,从而有助于对抗肥胖。

最大的担忧可能是将神经科学用于商业用途的标准和指南很少。虽然学术机构对于实施研究以及如何避免对参与者的伤害和不良影响有明确的指导原则,但是在商业领域可能缺乏这类规则。如果研究者想要在大学进行一项研究,伦理审查委员会必须评估该研究,考察是否存在对参与者的潜在危害——从根本上来说,进行这样一项研究是否合乎伦理。未经伦理审查委员会批准,学术研究者不得进行研究。相反,如果一家公司购买了 fMRI 扫描仪并决定将其用于神经营销目的,则少有相关规章和监管。在美国,食品药品监督管理局(Food and Drug Administration,FDA)管理 fMRI 机器的使用,因其被界定为医疗设备。[17] 但是,这种管理只能确保这一机器被慎重操作,而非研究方案合乎伦理。公司可能向参与者呈现了伤痕累累的场面,其研究目标可能并不公开透明;参与者可能最终会泄露他们本想保密的私人信息。

当然,还存在这样一个问题:在并未刻意寻找的情况下,发现了脑部异常。当参与者的脑部扫描显示异常时,大多数大学都有明确而到位的协议来规定如何处理这种情况。有时,这种异常不会导致任何症状,也不需要治疗;有时则会发现肿瘤或其他严重疾病。通常,神经放射科医生会查看扫描结果,如果有必要,可以在没有医学诊断的情况下告知参与者相关情况(因为 fMRI 并非诊断工具,研究者通常没有资格做出诊断),不过不同机构间的条款可能有所差别。[18] 但是,企业可能没有这样到位的协议。我们如何确保此类偶然发现以合乎道德的方式得到处理?[19, 20] 哪个监管机构有权管理神经营销公司?

为了负责任地进行研究,神经营销公司应遵守道德准则。参与者应被告知研究目的和风险,并在收集数据前给出知情同意。事后说明程序可能也是必要的,这对如儿童、病患或其他受法律保护的群体等弱势群体尤为重要。相关信息应被视为机密,不得用于侮辱参与者。并且,神经营销公司应准确报告其研究发现,不能夸大其词。如果他们不在科学期刊上发表文章,其他专家就无法对其研究进行批判性评论。我们将没有机会评估他们的方法,确定研究本身合乎伦理;其他科学家也无法认真详细地审查其研究发现。而这将赋予神经营销公司提出站不住脚的主张的自由,从而可能会引发公众错误的期待或焦虑。此外,科学发现常常是复杂而微妙的;如果它们被过度简化并以绝对真理的形式呈现,会导致公众对真正的科学研究产生错误印象。当神经营销公司因神经营销成功而拥有巨大的商业利益时,这种风险尤其高。

从整体来看,神经营销可能具有巨大潜力。如果它真的可以超越传统手段、为市场营销提供更多信息,那么公司就能够更明智地进行投资。其研究发现有助于我们了解大脑及其在决策情境中的运作方式。消费者个体也可以从中获益——产品可以被设计得更加友好,娱乐项目甚至可以更有趣。为了以负责的方式实现这些目标,神经营销公司应严守伦理准则。我们应该就我们想让神经营销走多远来进行公开讨论——是时候讨论其风险和收益了。

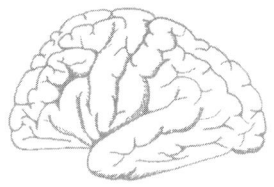

第八章

我们会去向何方？

WHERE DOES
THIS LEAVE US?

神经成像的发展改变了神经科学领域。我们第一次能够安全、无创地观察活体人类大脑的内部。我们大多数人都知道会有人出于医学原因进行 MRI 扫描,但这项技术还有其他非常重要且激动人心的应用。我们希望在神经成像的帮助下理解人类的一些最基本的情绪、动机和行为。积累这类知识将使我们能够开发有用的应用。

　　在本书中,我们讨论了因为 fMRI 的使用而带来的一些激动人心的研究发现及其如何被用于探索人类行为。除优点外,我们还强调了这项技术的一些风险和局限性。一些评论家则更进一步:fMRI 曾被描述为颅相学的现代版本。颅相学流行于 19 世纪,其拥护者认为头颅区域的形状和大小与特定的人格特征相对应;后来,颅相学被认为是伪科学。将 fMRI 与颅相学相比,可以提出一些神经成像研究中可能存在的局限性,即认为认知过程可以被定位于不同脑区,而这些脑区专门与该过程有关的(错误)观点。在本书中,我们已经看到,复杂过程通常不能追溯至不服务于任何其他目的的简单脑区。道德依赖的脑区还涉及情绪和社会认知,并且大脑也没有统一的自控中枢。神经营销尚未发现能够预测所有产品销售情况的脑区。所有这些过程通常都依赖多个脑区形成的网络,这一网络在各种任务中起作用并相互联系。在研究者解释其研究结果时,有时会忘记这一点。

然而,当科学家们小心措辞并牢记大脑的复杂性时,有一点是明确的,即 fMRI 绝不是颅相学。它可以揭示有关人类大脑新奇而有趣的信息。例如,加州大学杰克·盖伦特(Jack Gallant)实验室近期的一项研究绘制了大脑皮层的语义地图。7名参与者听了两个多小时的故事,与此同时接受 fMRI 扫描。结果分析显示出系统的哪些区域对哪些概念做出反应——例如,皮层的哪个区域对颜色做出反应,哪个区域对数字做出反应。这种语义网络代表了我们言语知识的总和以及该如何理解词语与概念之间的关系。一个令人着迷的发现是,这些语义地图在个体间非常一致,可能是因为参与者的养育和教育环境相似。如果不存在明显个体差异这一点被证明是正确的,我们就可以从那些确实不同于常人的个体身上了解一些非常重要的东西。或许我们可以发现与语言障碍或高级语义组织相关的脑区。将 fMRI 用于这一颇有远见的取向为我们展示了从颅相学时代到现在的巨大发展[见图9(彩)]。

与所有科学研究一样,神经科学研究的一个重要方面是可重复性。有时,科学家试图用自己的研究来证实一个实验的发现,但并没有得到相同的结果。问题部分在于研究者是以不同的实验设计处理诸如道德、共情、种族主义和欺骗等问题的,而实验中的变化可能会对参与者的知觉产生巨大影响,这可能是许多研究无法被重复的原因。因此，相比在大型群体中进行验证和将可靠的标准用于健康的参与者群体和患者群体，制定标准化测验更有用。这类测验在冷认知或非情绪认知领域已经存在，一个典型的例子就是剑桥神经心理自动化成套测试（Cambridge Neuropsychological Test Automated Battery，CANTAB）。不过，我们仍然需要经改进和验证的针对社会、情绪和道德认知的被称为热认知的测验。[1] 目前，丽贝卡·艾略特（Rebecca Elliott）、芭芭拉·萨哈金（Barbara Sahakian）、特雷弗·罗宾斯（Trevor Robbins）、乔纳森·劳伊泽（Jonathan Roiser）和米塔尔·梅塔（Mitul Mehta）正在开发一套名为 EMOTICOM 的"热"认知测验。

尽管存在局限性，脑科学已经取得了一些重大进展。神经科学家现在可以利用神经成像仔细考察脑的复杂性。这些令人鼓舞的技术可以提供有关大脑工作机制的新颖见解，并帮助我们理解为什么我们会以我们的方式行事。例如，神经成像提供的证据表明，我们的脑发育并不止于童年；我们现在知道，一些脑区会一直发育至成年早期，因为参与者在发育过程中重复接受了多次扫描。美国国立卫生研究院的杰·吉德（Jay Giedd）和尼廷·戈吉（Nitin Gogtay）领导的研究使用了结构性 MRI（sMRI）来探察这些发育变化。[2,3] 图 10（彩）[4] 展示了从幼儿期到成年早期灰质体积的变化，灰质是构成大脑皮层的主要组织。你可以看到，在发育过程中，许多脑区都发生了巨大改变。

在本书中，我们讨论了一些神经科学发现的可能应用。在机场使用"读心术"筛查恐怖分子或在法庭上利用 fMRI 测谎都是未来可能发生的场景。目前，它们还谈不上正当合理，但现有的许多局限性可以通过技术进步克服。更加精确的神经成像技术可以让我们更好地了解脑功能，而更为复杂的分析方法可以使嘈杂的数据更有意义。我们已经看到了机器学习算法的广阔前景，在其中，计算机基于数据构建模型并从未来数据输入中学习。研究者不再需要知道问题的完美解决方案并为其编程。在机器学习算法中，计算机可以自行找到最佳解决方案并熟能生巧。机器学习的潜力已经为人们所认同：谷歌最近以约 4 亿英镑的价格收购了人工智能公司深度思考科技公司（DeepMind Technologies），该公司开发了一些先进的机器学习算法。[5] 借助这些技术进步，神经成像研究的新应用将成为可能。

对神经成像数据进行复杂分析有助于实现未来的突破。另一个令人鼓舞的发展是实时 fMRI。利用这项技术，可以在参与者仍身处扫描仪中的时候就在线分析神经成像数据。该分析可用于向参与者实时反馈其脑活动情况，即所谓的神经反馈。这种反馈可用于学习如何主动控制脑活动，例如控制对疼痛的知觉。[6] 在线分析神经成像数据还使我们能够通过所谓的脑机接口控制外部设备，这项技术已被用于帮助一些瘫痪患者。我们需要多久才能仅用思想就驾驶汽车？

创新性的研究设计还有助于使神经成像研究更加现实。最近，由我们在剑桥大学的同事保拉·班卡（Paula Banca）领导的一项研究使用了视频直播材料，与此同时，参与者在扫描仪中接受扫描。该研究的目的在于深入了解强迫症的神经基础。这些参与者有强迫行为（病人感觉不得不做的重复性行为）和/或强迫观念（侵扰性的令人苦恼的想法进入患者的头脑）。在所谓的症状激发设计（symptom-provocation design）中，研究者试图诱发这种强迫行为或强迫观念，以弄清楚患者的大脑中正在发生什么。此类知识对于更深入了解疾病和开发新疗法非常重要。这些强迫行为和强迫观念在个体之间有所不同——并非每个病人都害怕细菌或感到不得不过度清洗。因此，重要的是设计的症状激发研究可以引发患者的强迫行为和强迫观念。我们的同事开发了一种有创意的新设计：研究者前往患者家中，并经患者允许根据其症状量身定制和执行相应操作。例如，对于关注对称性和条理性的患者，研究者会弄乱他们放袜子的抽屉或床铺。然后，再将这种混乱现场的视频材料传送并播放给正在接受 fMRI 扫描的患者。重要的是，患者随时可以自行退出实验程序。研究者发现，位于前额叶后侧的腹内侧前额叶皮层是调节强迫性回路的关键脑区。[7] 这种创新性方法可以为我们提供有关强迫行为、强迫观念和许多其他疾病的基础神经回路的新见解。

由于我们对人类大脑的了解越来越多，我们可以改变神经和精神疾病的治疗方法。一个特别令人兴奋的例子就是深部脑电刺激（deep brain stimulation，DBS）。在这种技术中，需要将类似于起搏器的电极植入大脑。如果我们知道特定疾病有哪些脑区功能异常，还可以利用神经成像进行定位，然后以其为目标并改变其活动。深部脑电刺激已被用于治疗帕金森病[8]、临床抑郁症[9]和强迫症[10]。在这些患者身上，药物或行为治疗等其他治疗方法都失败了。这些病例通常都十分严重，患者失去了恢复正常生活的希望。例如，患有晚期帕金森病的患者通常丧失了走路或进食等生活自理能力。而在手术后，我们有时可以看到巨大的不同：帕金森病患者能够再次控制自己的运动，抑郁症患者的心情有所改善，而强迫症患者重新获得了对其思维和行为的控制能力。如果没有对基本大脑回路的详细知识，不可能取得这些进展。利用更强大的成像技术，新的治疗方法可以被发现，个性化医疗可能成为标准做法。如果我们能够在每个神经或精神疾病患者身上发现清晰的脑部异常，我们也许会开发出更有效且副作用更小的治疗方法。

由于技术突破，这类进展完全可能发生。在本书中，许多研究使用的 fMRI 扫描仪由强磁体构成，其磁场强度以特斯拉（T）衡量，最常见的是 1.5T 和 3T。给你一个单位大小的概念吧：1.5T 大约是地球磁场强度的 30 000 倍。磁场强度越大，空间分辨率越高。尽管这一磁场强度听起来已经足够大了，但包括剑桥大学在内的一些机构现在正在购买 7T 扫描仪——大约是地球磁场强度的 140 000 倍。这些设备会提供什么新的可能性和见解吗？可能会产生怎样的伦理困境？

虽然许多应用仍是科学幻想，但它们可能比我们想象的更早成为现实。我们需要决定我们想如何以及在何处允许"读心"或神经营销。我们应该在神经成像的帮助下筛查（内隐的）种族偏见吗？基于 fMRI 的测谎侵犯了思想中的隐私吗？我们应该测验一个人的道德水平或自控力以预防未来的犯罪行为吗？这些只是重要的伦理问题中的一部分，需要由整个社会进行思考和回答。并且，随着技术的迅速发展，这些问题正变得日益紧迫。

注 释

第一章

1. Owen, A. M. et al. Detecting awareness in the vegetative state. *Science* 313, 1402 (2006).
2. Monti, M. M. et al. Willful modulation of brain activity in disorders of consciousness. *N. Engl. J. Med.* 362, 579–89 (2010).
3. Liu, T. T., Frank, L. R., Wong, E. C., and Buxton, R. B. Detection power, estimation efficiency, and predictability in event-related fMRI. *Neuroimage* 13, 759–73 (2001).
4. Azevedo, F. A. C. et al. Equal numbers of neuronal and nonneuronal cells make the human brain an isometrically scaled-up primate brain. *J. Comp. Neurol.* 513, 532–41 (2009).
5. McCabe, D. P. and Castel, A. D. Seeing is believing: The effect of brain images on judgments of scientific reasoning. *Cognition* 107, 343–52 (2008).
6. Michael, R. B., Newman, E. J., Vuorre, M., Cumming, G., and Garry, M. On the (non) persuasive power of a brain image. *Psychon. Bull. Rev.* 20, 720–5 (2013).

第二章

1. Baron-Cohen, S., Wheelwright, S., Hill, J., Raste, Y., and Plumb, I. The "Reading the Mind in the Eyes" test revised version: A study with normal adults, and adults with Asperger syndrome or high-functioning autism. J. Child Psychol. *Psychiatry* 42, 241–51 (2001).
2. Baron-Cohen, S., Leslie, A. M., and Frith, U. Does the autistic child have a "theory of mind"? *Cognition* 21, 37–46 (1985).
3. Sample, I. The brain scan that can read people's intentions. *The Guardian* (2007). At <http://www.theguardian.com/science/2007/feb/09/neuroscience.ethicsofscience>, accessed 30 July 2016.
4. Parsons, C. and Waugh, R. So our minds CAN be read: Magnetic scanner produces these actual images from inside people's brains. *Mail Online* (2011). At <http://www.dailymail.co.uk/sciencetech/article-2040599/Minds-eyeExperts-use-magnetic-scanner-videos-playing-inside-peoples-brains.html>, accessed 30 July 2016.
5. Haynes, J. D. et al. Reading hidden intentions in the human brain. *Curr. Biol.* 17, 323–8 (2007).
6. Soon, C. S., Brass, M., Heinze, H. J., and Haynes, J. D. Unconscious determinants of free decisions in the human brain. *Nat. Neurosci.* 11, 543–5 (2008).
7. Mitchell, T. M. et al. Predicting human brain activity associated with the meanings of nouns. *Science* 320, 1191–5 (2008).
8. Nishimoto, S. et al. Reconstructing visual experiences from brain activity evoked by natural movies. *Curr. Biol.* 21, 1641–6 (2011).
9. Horikawa, T., Tamaki, M., Miyawaki, Y. and Kamitani, Y. Neural decoding of visual imagery during sleep. *Science* 340, 639–42 (2013).
10. Kassam, K. S., Markey, A. R., Cherkassky, V. L., Loewenstein, G., and Just,

M. A. Identifying emotions on the basis of neural activation. *PLoS One* 8, e66032 (2013).
11. Eggebrecht, A. T. et al. Mapping distributed brain function and networks with diffuse optical tomography. *Nat. Photonics* 8, 448–54 (2014).

第三章

1. Dovidio, J. F. and Gaertner, S. L. Aversive racism. *Adv. Exp. Soc. Psychol.* 36, 1–52 (2004).
2. McConahay, J. B. Modern racism, ambivalence, and the Modern Racism Scale, in *Prejudice, discrimination, and racism* (eds. Dovidio, J. F. and Gaertner, S. L.) 91–125 (Academic Press, 1986).
3. Phelps, E. A. et al. Performance on indirect measures of race evaluation predicts amygdala activation. *J. Cogn. Neurosci.* 12, 729–38 (2000).
4. Greenwald, A. G., Mcghee, D. E., and Schwartz, J. L. K. Measuring individual differences in implicit cognition. *J. Pers. Soc. Psychol.* 74, 1464–80 (1998).
5. Terbeck, S. et al. Propranolol reduces implicit negative racial bias. *Psychopharmacology (Berl.)* 222, 419–24 (2012).
6. Singer, T. et al. Empathy for pain involves the affective but not sensory components of pain. *Science* 303, 1157–62 (2004).
7. Xu, X., Zuo, X., Wang, X., and Han, S. Do you feel my pain? Racial group membership modulates empathic neural responses. *J. Neurosci.* 29, 8525–9 (2009).
8. Pettigrew, T. F. and Tropp, L. R. A meta-analytic test of intergroup contact theory. *J. Pers. Soc. Psychol.* 90, 751–83 (2006).
9. Allport, G. W. *The nature of prejudice* (Addison-Wesley Publishing Company, 1979).
10. Zuo, X. and Han, S. Cultural experiences reduce racial bias in neural responses to others' suffering. *Cult. Brain* 1, 34–46 (2013).

11. Forbes, C. E., Cox, C. L., Schmader, T., and Ryan, L. Negative stereotype activation alters interaction between neural correlates of arousal, inhibition and cognitive control. *Soc. Cogn. Affect. Neurosci.* 7, 771–81 (2012).
12. Lieberman, M. D., Hariri, A., Jarcho, J. M., Eisenberger, N. I., and Bookheimer, S. Y. An fMRI investigation of race-related amygdala activity in African-American and Caucasian-American individuals. *Nat. Neurosci.* 8, 720–2 (2005).
13. Hart, A. J. et al. Differential response in the human amygdala to racial outgroup vs ingroup face stimuli. *Neuroreport* 11, 2351–5 (2000).
14. Bertrand, M. and Mullainathan, S. Are Emily and Greg more employable than Lakisha and Jamal? A field experiment on labor market discrimination. *Am. Econ. Rev.* 94, 991–1013 (2004).
15. Schwartz, L. M., Woloshin, S., and Welch, H. G. Misunderstandings about the effects of race and sex on physicians' referrals for cardiac catheterization. *N. Engl. J. Med.* 341, 279–83; discussion 286–7 (1999).
16. Korn, H. A., Johnson, M. A., and Chun, M. M. Neurolaw: Differential brain activity for black and white faces predicts damage awards in hypothetical employment discrimination cases. *Soc. Neurosci.* 7, 398–409 (2012).
17. Wheeler, M. E. and Fiske, S. T. Controlling racial prejudice: Social-cognitive goals affect amygdala and stereotype activation. *Psychol. Sci.* 16, 56–63 (2005).
18. For example, the University of Cambridge: <http://www.equality.admin.cam.ac.uk/training/equality-diversity-online-training>, accessed 30 July 2016.
19. Hu, X. et al. Unlearning implicit social biases during sleep. *Science.* 348, 1013–15 (2015).

第四章

1. Feldman, R. S., Forrest, J. A., and Happ, B. R. Self-presentation and verbal deception: Do self-presenters lie more? *Basic Appl. Soc. Psych.* 24, 163–70 (2002).
2. Serota, K. B., Levine, T. R., and Boster, F. J. The prevalence of lying in America: Three studies of self-reported lies. *Hum. Commun. Res.* 36, 2–25 (2010).
3. Debey, E., de Schryver, M., Logan, G. D., Suchotzki, K., and Verschuere, B. From junior to senior Pinocchio: A cross-sectional lifespan investigation of deception. *Acta Psychol. (Amst).* 160, 58–68 (2015).
4. Bond, C. F. and DePaulo, B. M. Accuracy of deception judgments. *Pers. Soc. Psychol. Rev.* 10, 214–34 (2006).
5. Trovillo, P. V. A history of lie detection. *J. Crim. Law Criminol.* 29, 848 (1939).
6. Brett, A. S., Phillips, M., and Beary, J. F. Predictive power of the polygraph: Can the "lie detector" really detect liars? *Lancet* 1, 544–7 (1986).
7. No Lie MRI website at <http://www.noliemri.com/>, accessed 30 July 2016.
8. Natu, N. This brain test maps the truth. *The Times of India* (2008). At <http:// timesofindia.indiatimes.com/city/mumbai/This-brain-test-maps-thetruth/articleshow/3257032.cms?>, accessed 30 July 2016.
9. Murphy, E. Update on Indian BEOS case: Accused released on bail. *Stanford Center for Law & the Biosciences Blog* (2009). At <https:// lawandbiosciences. wordpress.com/2009/04/02/update-on-indian-beos-case-accusedreleased-on-bail/>, accessed 30 July 2016.
10. Murphy, E. No Lie MRI being offered as evidence in court. *Stanford Center for Law & the Biosciences Blog* (2009). At <http://blogs.law.stanford. edu/ lawandbiosciences/2009/03/14/no-lie-mri-being-offered-as-evidence-

incourt/>, accessed 30 July 2016.
11. Washburn, D. Can this machine prove if you're lying? *Voice of San Diego* (2009). At <http://www.voiceofsandiego.org/science/can-this-machineprove-if-youre-lying/>, accessed 30 July 2016.
12. Expert Testimony Judge Tu M. Pham in the case *USA v Semrau*. (2010). At <https://www.tnwd.uscourts.gov/JudgePham/opinions/659.pdf>, accessed 30 July 2016.
13. Spence, S. A. et al. Behavioural and functional anatomical correlates of deception in humans. *Neuroreport* 12, 2849–53 (2001).
14. Levy, B. J. and Wagner, A. D. Cognitive control and right ventrolateral prefrontal cortex: Reflexive reorienting, motor inhibition, and action updating. *Ann. N. Y. Acad. Sci.* 1224, 40–62 (2011).
15. de Carli, D. et al. Identification of activated regions during a language task. *Magn. Reson. Imaging* 25, 933–8 (2007).
16. Demb, J. B. et al. Semantic encoding and retrieval in the left inferior prefrontal cortex: A functional MRI study of task difficulty and process specificity. *J. Neurosci.* 15, 5870–8 (1995).
17. Brunet, E., Sarfati, Y., Hardy-Baylé, M. C., and Decety, J. A PET investigation of the attribution of intentions with a nonverbal task. *Neuroimage* 11, 157–66 (2000).
18. Rogers, R. D. et al. Choosing between small, likely rewards and large, unlikely rewards activates inferior and orbital prefrontal cortex. *J. Neurosci.* 19, 9029–38 (1999).
19. Langleben, D. D. et al. Brain activity during simulated deception: An eventrelated functional magnetic resonance study. *Neuroimage* 15, 727–32 (2002).
20. Kerns, J. G. et al. Anterior cingulate conflict monitoring and adjustments in control. *Science* 303, 1023–6 (2004).
21. Beauregard, M., Lévesque, J., and Bourgouin, P. Neural correlates of conscious self-regulation of emotion. *J. Neurosci.* 21, RC165 (2001).
22. Hakun, J. G. et al. fMRI investigation of the cognitive structure of the Concealed Information Test. *Neurocase: The Neural Basis of Cognition.* 14,

59–67 (2008).
23. Langleben, D. D. et al. Telling truth from lie in individual subjects with fast event-related fMRI. *Hum. Brain Mapp.* 26, 262–72 (2005).
24. Davatzikos, C. et al. Classifying spatial patterns of brain activity with machine learning methods: Application to lie detection. *Neuroimage* 28, 663–8 (2005).
25. Kozel, F. A. et al. Detecting deception using functional magnetic resonance imaging. *Biol. Psychiatry* 58, 605–13 (2005).
26. Ganis, G., Rosenfeld, J. P., Meixner, J., Kievit, R. A., and Schendan, H. E. Lying in the scanner: Covert countermeasures disrupt deception detection by functional magnetic resonance imaging. *Neuroimage* 55, 312–19 (2011).
27. Farah, M. J., Hutchinson, J. B., Phelps, E. A., and Wagner, A. D. Functional MRI-based lie detection: Scientific and societal challenges. *Nat. Publ. Gr.* 15, 123–31 (2014).
28. Jiang, W. et al. A functional MRI study of deception among offenders with antisocial personality disorders. *Neuroscience* 244, 90–8 (2013).
29. Ganis, G., Kosslyn, S. M., Stose, S., Thompson, W. L., and Yurgelun-Todd, D. A. Neural correlates of different types of deception: An fMRI investigation. *Cereb. Cortex* 13, 830–6 (2003).
30. Weisberg, D. S., Keil, F. C., Goodstein, J., Rawson, E., and Gray, R. The seductive allure of neuroscience explanations. *J. Cogn. Neurosci.* 20, 470–7 (2008).

第五章

1. Thomson, J. J. The trolley problem. *Yale Law J.* 94, 1395–415 (1985).
2. Hauser, M., Cushman, F., Young, L., Jin, R. K.-X., and Mikhail, J. A dissociation between moral judgments and justifications. *Mind & Language* 22, 1–21 (2007).
3. Greene, J. D., Sommerville, R. B., Nystrom, L. E., Darley, J. M., and

Cohen, J. D. An fMRI investigation of emotional engagement in moral judgment. *Science* 293, 2105–8 (2001).
4. Ciaramelli, E., Muccioli, M., Làdavas, E., and di Pellegrino, G. Selective deficit in personal moral judgment following damage to ventromedial prefrontal cortex. *Soc. Cogn. Affect. Neurosci.* 84–92 (2007).
5. Young, L. and Saxe, R. Innocent intentions: A correlation between forgiveness for accidental harm and neural activity. *Neuropsychologia* 47, 2065–72 (2009).
6. Saxe, R. and Kanwisher, N. People thinking about thinking people: The role of the temporo-parietal junction in "theory of mind". *Neuroimage* 19, 1835–42 (2003).
7. Moll, J., Eslinger, P. J., and de Oliveira-Souza, R. Frontopolar and anterior temporal cortex activation in a moral judgment task: Preliminary functional MRI results in normal subjects. *Arq. Neuropsiquiatr.* 59, 657–64 (2001).
8. Moll, J., de Oliveira-Souza, R., Bramati, I. E., and Grafman, J. Functional networks in emotional moral and nonmoral social judgments. *Neuroimage* 16, 696–703 (2002).
9. Moll, J. et al. The neural correlates of moral sensitivity: A functional magnetic resonance imaging investigation of basic and moral emotions. *J. Neurosci.* 22, 2730–6 (2002).
10. Hein, G. and Knight, R. T. Superior temporal sulcus: It's my area: or is it? *J. Cogn. Neurosci.* 20, 2125–36 (2008).
11. Williamson, S., Hare, R. D., and Wong, S. Violence: Criminal psychopaths and their victims. *Can. J. Behav. Sci.* 19, 454–62 (1987).
12. Meffert, H., Gazzola, V., den Boer, J. A., Bartels, A. A. J., and Keysers, C. Reduced spontaneous but relatively normal deliberate vicarious representations in psychopathy. *Brain* 136, 2550–62 (2013).
13. Blair, R. J. R. A cognitive developmental approach to morality: Investigating the psychopath. *Cognition* 57, 1–29 (1995).
14. Blair, R. J. R. Moral reasoning and the child with psychopathic tendencies. *Pers. Individ. Dif.* 22, 731–9 (1997).
15. Harenski, C. L., Harenski, K. A., Shane, M. S., and Kiehl, K. A. Aberrant

neural processing of moral violations in criminal psychopaths. *J. Abnorm. Psychol.* 119, 863–74 (2010).
16. Coid, J., Yang, M., Ullrich, S., Roberts, A., and Hare, R. D. Prevalence and correlates of psychopathic traits in the household population of Great Britain. *Int. J. Law Psychiatry* 32, 65–73 (2009).
17. Cooke, D. J. Psychopathic personality in different cultures: What do we know? What do we need to find out? *J. Pers. Disord.* 10, 23–40 (1996).
18. Coid, J. et al. Psychopathy among prisoners in England and Wales. *Int. J. Law Psychiatry* 32, 134–41 (2009).
19. Ullrich, S., Paelecke, M., Kahle, I., and Marneros, A. Kategoriale und dimensionale Erfassung von "psychopathy" bei deutschen Straftätern. Prävalenz, Geschlechts- und Alterseffekte. *Nervenarzt* 74, 1002–8 (2003).
20. Assadi, S. M. et al. Psychiatric morbidity among sentenced prisoners: Prevalence study in Iran. *Br. J. Psychiatry* 188, 159–64 (2006).
21. Hughes, V. Science in court: Head case. *Nature* 464, 340–2 (2010).
22. Zorn, E. Passing thought—Today truly marks the end of the Nicarico murder case. *Chicago Tribune* (2011). At <http://blogs.chicagotribune.com/news_columnists_ezorn/2011/03/passing-thought-today-truly-marksthe-end-of-the-nicarico-murder-case.html>, accessed 30 July 2016.
23. O'Reardon, J. P. et al. Efficacy and safety of transcranial magnetic stimulation in the acute treatment of major depression: A multisite randomized controlled trial. *Biol. Psychiatry* 62, 1208–16 (2007).
24. Talelli, P., Greenwood, R. J., and Rothwell, J. C. Exploring Theta Burst Stimulation as an intervention to improve motor recovery in chronic stroke. *Clin. Neurophysiol.* 188, 333–42 (2007).
25. Aleman, A., Sommer, I. E. C., and Kahn, R. S. Efficacy of slow repetitive transcranial magnetic stimulation in the treatment of resistant auditory hallucinations in schizophrenia: A meta-analysis. *J. Clin. Psychiatry* 68, 416–21 (2007).
26. Young, L., Camprodon, J. A., Hauser, M., Pascual-Leone, A., and Saxe, R. Disruption of the right temporoparietal junction with transcranial magnetic stimulation reduces the role of beliefs in moral judgments. *Proc. Natl. Acad.*

Sci. USA 107, 6753–8 (2010).
27. Wheatley, T. and Haidt, J. Hypnotic disgust makes moral judgments more severe. 16, 1–6 (2005).
28. Crockett, M. J. et al. Harm to others outweighs harm to self in moral decision making. *Proc. Natl. Acad. Sci.* 111, 17320–5 (2014).
29. Crockett, M. J. et al. Dissociable effects of serotonin and dopamine on the valuation of harm in moral decision making. *Curr. Biol.* 25, 1852–9 (2015).
30. Merims, D. and Giladi, N. Dopamine dysregulation syndrome, addiction and behavioral changes in Parkinson's disease. *Park. Relat. Disord.* 14, 273–80 (2008).

第六章

1. Mischel, W., Ebbesen, E. B., and Zeiss, A. R. Cognitive and attentional mechanisms in delay of gratification. *J. Pers. Soc. Psychol.* 21, 204–18 (1972).
2. Mischel, W., Shoda, Y., and Peake, P. K. The nature of adolescent competencies predicted by preschool delay of gratification. *J. Pers. Soc. Psychol.* 54, 687–96 (1988).
3. Shoda, Y., Mischel, W., and Peake, P. K. Predicting adolescent cognitive and self-regulatory competencies from preschool delay of gratification: Identifying diagnostic conditions. *Dev. Psychol.* 26, 978–86 (1990).
4. Schlam, T. R., Wilson, N. L., Shoda, Y., Mischel, W., and Ayduk, O. Preschoolers' delay of gratification predicts their body mass 30 years later. *J. Pediatr.* 162, 90–3 (2013).
5. Kidd, C., Palmeri, H., and Aslin, R. N. Rational snacking: Young children's decision-making on the marshmallow task is moderated by beliefs about environmental reliability. *Cognition* 126, 109–14 (2013).
6. Ayduk, O. et al. Regulating the interpersonal self: Strategic self-regulation for coping with rejection sensitivity. *J. Pers. Soc. Psychol.* 79, 776–92

(2000).
7. Stroop, J. R. Studies of interference in serial verbal reactions. *J. Exp. Psychol.* 18, 643–62 (1935).
8. Marsh, R. et al. A developmental fMRI study of self-regulatory control. *Hum. Brain Mapp.* 27, 848–63 (2006).
9. Chudasama, Y. and Robbins, T. W. Functions of frontostriatal systems in cognition: Comparative neuropsychopharmacological studies in rats, monkeys and humans. *Biol. Psychol.* 73, 19–38 (2006).
10. Konishi, S., Nakajima, K., Uchida, I., Sekihara, K., and Miyashita, Y. Nogo dominant brain activity in human inferior prefrontal cortex revealed by functional magnetic resonance imaging. *Eur. J. Neurosci.* 10, 1209–13 (1998).
11. Aron, A. R., Fletcher, P. C., Bullmore, E. T., Sahakian, B. J., and Robbins, T. W. Stop-signal inhibition disrupted by damage to right inferior frontal gyrus in humans. *Nat. Neurosci.* 6, 115–16 (2003).
12. Nee, D. E., Wager, T. D., and Jonides, J. Interference resolution: Insights from a meta-analysis of neuroimaging tasks. *Cogn. Affect. Behav. Neurosci.* 7, 1–17 (2007).
13. McClure, S. M., Laibson, D. I., Loewenstein, G., and Cohen, J. D. Separate neural systems value immediate and delayed monetary rewards. *Science* 306, 503–7 (2004).
14. Knutson, B., Fong, G. W., Adams, C. M., Varner, J. L., and Hommer, D. Dissociation of reward anticipation and outcome with event-related fMRI. *Neuroreport* 12, 3683–7 (2001).
15. Beauregard, M., Lévesque, J., and Bourgouin, P. Neural correlates of conscious self-regulation of emotion. *J. Neurosci.* 21, RC165 (2001).
16. Devinsky, O., Morrell, M. J., and Vogt, B. A. Contributions of anterior cingulate cortex to behaviour. *Brain* 118, Pt 1, 279–306 (1995).
17. Holroyd, C. B. and Coles, M. G. H. The neural basis of human error processing: Reinforcement learning, dopamine, and the error-related negativity. *Psychol. Rev.* 109, 679–709 (2002).
18. Shilling, V. M., Chetwynd, A., and Rabbitt, P. M. A. Individual

inconsistency across measures of inhibition: An investigation of the construct validity of inhibition in older adults. *Neuropsychologia* 40, 605–19 (2002).
19. Menzies, L. et al. Integrating evidence from neuroimaging and neuropsychological studies of obsessive–compulsive disorder: The orbitofrontostriatal model revisited. *Neurosci. Biobehav. Rev.* 32, 525–49 (2008).
20. Leckman, J. F., Bloch, M. H., Smith, M. E., Larabi, D., and Hampson, M. Neurobiological substrates of Tourette's disorder. *J. Child Adolesc. Psychopharmacol.* 20, 237–47 (2010).
21. Cubillo, A., Halari, R., Smith, A., Taylor, E., and Rubia, K. A review of fronto-striatal and fronto-cortical brain abnormalities in children and adults with Attention Deficit Hyperactivity Disorder (ADHD) and new evidence for dysfunction in adults with ADHD during motivation and attention. *Cortex* 48, 194–215 (2012).
22. Grafman, J. et al. Frontal lobe injuries, violence, and aggression: A report of the Vietnam Head Injury Study. *Neurology* 46, 1231–8 (1996).
23. Burns, J. M. and Swerdlow, R. H. Right orbitofrontal tumor with pedophilia symptom and constructional apraxia sign. *Arch. Neurol.* 60, 437–40 (2003).
24. Moll, J. et al. The neural correlates of moral sensitivity: A functional magnetic resonance imaging investigation of basic and moral emotions. *J. Neurosci.* 22, 2730–6 (2002).
25. Gottfredson, M. R. and Hirschi, T. *A general theory of crime* (Stanford University Press, 1990).
26. Pratt, T. C. and Cullen, F. T. The empirical status of Gottfredson and Hirschi's general theory of crime: A meta-analysis. *Criminology* 38, 931–64 (2000).
27. For a good critical review, see: Geis, G. On the absence of self-control as the basis for a General Theory of Crime: A critique. *Theor. Criminol.* 4, 35–53 (2000).
28. Aharoni, E. et al. Neuroprediction of future rearrest. *Proc. Natl Acad. Sci. USA* 110, 6223–8 (2013).

29. Baumeister, R. F. and Heatherton, T. F. Self-regulation failure: An overview. *Psychol. Inq.* 7, 1–15 (1996).
30. Baumeister, R. F., Bratslavsky, E., Muraven, M., and Tice, D. M. Ego depletion: Is the active self a limited resource? *J. Pers. Soc. Psychol.* 74, 1252–65 (1998).
31. Hagger, M. S., Wood, C., Stiff, C., and Chatzisarantis, N. L. D. Ego depletion and the strength model of self-control: A meta-analysis. *Psychol. Bull.* 136, 495–525 (2010).
32. Sripada, C., Kessler, D., and Jonides, J. Methylphenidate blocks effortinduced depletion of regulatory control in healthy volunteers. *Psychol. Sci.* 25, 1227–34 (2014).
33. Hagger, M. S. et al. A multi-lab pre-registered replication of the egodepletion effect. *Perspect. Psychol. Sci.* (in press).
34. Baumeister, R. F. and Vohs, K. D. Misguided effort with elusive implications. *Perspect. Psychol. Sci.* (Epub ahead of print).
35. Inzlicht, M. and Schmeichel, B. J. What is ego depletion? Toward a mechanistic revision of the resource model of self-control. *Perspect. Psychol. Sci.* 7, 450–63 (2012).
36. Muraven, M. and Slessareva, E. Mechanisms of self-control failure: Motivation and limited resources. *Pers. Soc. Psychol. Bull.* 29, 894–906 (2003).
37. Heatherton, T. F. and Wagner, D. D. Cognitive neuroscience of selfregulation failure. *Trends Cogn. Sci.* 15, 132–9 (2011).
38. Volkow, N. D. et al. Cognitive control of drug craving inhibits brain reward regions in cocaine abusers. *Neuroimage* 49, 2536–43 (2010).
39. Wagner, D. D., Altman, M., Boswell, R. G., Kelley, W. M., and Heatherton, T. F. Self-regulatory depletion enhances neural responses to rewards and impairs top-down control. *Psychol. Sci.* 24, 2262–71 (2013).
40. Maier, S. U., Makwana, A. B., and Hare, T. A. Acute stress impairs selfcontrol in goal-directed choice by altering multiple functional connections within the brain's decision circuits. *Neuron* 87, 621–31 (2015).
41. Adam, T. C. and Epel, E. S. Stress, eating and the reward system. *Physiol.*

Behav. 91, 449–58 (2007).

42. Everitt, B. J., Cador, M., and Robbins, T. W. Interactions between the amygdala and ventral striatum in stimulus–reward associations: Studies using a second-order schedule of sexual reinforcement. *Neuroscience* 30, 63–75 (1989).
43. Cardinal, R. N., Parkinson, J. A., Hall, J., and Everitt, B. J. Emotion and motivation: The role of the amygdala, ventral striatum, and prefrontal cortex. Neurosci. Biobehav. Rev. 26, 321–52 (2002).
44. Daniel, T. O., Stanton, C. M., and Epstein, L. H. The future is now: Reducing impulsivity and energy intake using episodic future thinking. *Psychol. Sci.* 24, 2339–42 (2013).
45. Muraven, M. Building self-control strength: Practicing self-control leads to improved self-control performance. *J. Exp. Soc. Psychol.* 46, 465–8 (2010).
46. Muraven, M. Practicing self-control lowers the risk of smoking lapse. *Psychol. Addict. Behav.* 24, 446–52 (2010).
47. Tang, Y.-Y., Posner, M. I., Rothbart, M. K., and Volkow, N. D. Circuitry of self-control and its role in reducing addiction. *Trends Cogn. Sci.* 19, 439–44 (2015).
48. Soon, C. S., Brass, M., Heinze, H.-J., and Haynes, J. D. Unconscious determinants of free decisions in the human brain. *Nat. Neurosci.* 11, 543–5 (2008).
49. Fried, I., Mukamel, R., and Kreiman, G. Internally generated preactivation of single neurons in human medial frontal cortex predicts volition. *Neuron* 69, 548–62 (2011).

第七章

1. 广告成功的计算是基于所谓的广告弹性。广告弹性取决于多种变量，基本上描述的是如果广告支出增加1%，销售额将增加多少。
2. Venkatraman, V. et al. Predicting advertising success beyond traditional

measures: New insights from neurophysiological methods and market response modeling. *J. Mark. Res.* LII, 436–52 (2015).
3. O'Doherty, J. et al. Dissociable roles of ventral and dorsal striatum in instrumental conditioning. *Science* 304, 452–4 (2004).
4. McClure, S. M. et al. Neural correlates of behavioral preference for culturally familiar drinks. *Neuron* 44, 379–87 (2004).
5. Kable, J. W. and Glimcher, P. W. The neural correlates of subjective value during intertemporal choice. *Nat. Neurosci.* 10, 1625–33 (2007).
6. Cabeza, R. and Nyberg, L. Imaging cognition II: An empirical review of 275 PET and fMRI studies. *J. Cogn. Neurosci.* 12, 1–47 (2000).
7. Nee, D. E., Wager, T. D., and Jonides, J. Interference resolution: Insights from a meta-analysis of neuroimaging tasks. *Cogn. Affect. Behav. Neurosci.* 7, 1–17 (2007).
8. Plassmann, H., Doherty, J. O., Shiv, B., and Rangel, A. Marketing actions can modulate neural representations of experienced pleasantness. *Proc. Nationa Acad. Sci. USA* 105, (2008).
9. Ishizu, T. and Zeki, S. Toward a brain-based theory of beauty. *PLoS One* 6, e21852 (2011).
10. Berns, G. S. and Moore, S. E. A neural predictor of cultural popularity. *J. Consum. Psychol.* 22, 154–60 (2012).
11. Knutson, B., Adams, C. M., Fong, G. W., and Hommer, D. Anticipation of increasing monetary reward selectively recruits nucleus accumbens. *J. Neurosci.* 21, RC159 (2001).
12. Yoon, C., Gutchess, A. H., Feinberg, F., and Polk, T. A. A functional magnetic resonance imaging study of neural dissociations between brand and person judgments. *J. Consum. Res.* 33, 31–40 (2006).
13. Poldrack, R. A. Can cognitive processes be inferred from neuroimaging data? *Trends Cogn. Sci.* 10, 59–63 (2006).
14. Lindstrom, M. You love your iPhone. Literally. *The New York Times* (2011). At <http://www.nytimes.com/2011/10/01/opinion/you-love-your-iphoneliterally.html>, accessed 31 July 2016.
15. Yarkoni, T., Poldrack, R. A., Nichols, T. E., Van Essen, D. C., and Wager, T.

D. Large-scale automated synthesis of human functional neuroimaging data. *Nat. Methods* 8, 665–70 (2011).
16. Poldrack, R. The iPhone and the brain. *The New York Times* (2011). At <http:// www.nytimes.com/2011/10/05/opinion/the-iphone-and-the-brain.html>, accessed 31 July 2016.
17. US Food and Drug Administration. MRI (Magnetic Resonance Imaging). At <http://www.fda.gov/Radiation-EmittingProducts/RadiationEmittingProductsandProcedures/MedicalImaging/MRI/default.htm>, accessed 10 August 2016.
18. Illes, J. et al. Discovery and disclosure of incidental findings in neuroimaging research. *J. Magn. Reson. Imaging* 20, 743–7 (2004).
19. Wolf, S. M. Incidental findings in neuroscience research: A fundamental challenge to the structures of bioethics and health law, in The Oxford Handbook of Neuroethics (eds. Illes, J. and Sahakian, B. J.) 623–34 (OUP, 2011).
20. Booth, T. C., Jackson, A., Wardlaw, J. M., Taylor, S. A., and Waldman, A. D. Incidental findings found in "healthy" volunteers during imaging performed for research: Current legal and ethical implications. *Br. J. Radiol.* 83, 456–65 (2010).

第八章

1. Roiser, J. P. and Sahakian, B. J. Hot and cold cognition in depression. *CNS Spectr.* 18, 139–49 (2013).
2. Giedd, J. N. et al. Brain development during childhood and adolescence: A longitudinal MRI study. *Nat. Neurosci.* 2, 861–3 (1999).
3. Gogtay, N. et al. Dynamic mapping of human cortical development during childhood through early adulthood. *Proc. Natl Acad. Sci.* USA 101, 8174–9 (2004).
4. Jernigan, T. L. et al. The pediatric imaging, neurocognition, and genetics (PING) data repository. *Neuroimage* 124, 1149–54 (2016).

5. Gibbs, S. Google buys UK artificial intelligence startup Deepmind for £400m. *The Guardian* (2014). At <http://www.theguardian.com/technology/2014/jan/27/google-acquires-uk-artificial-intelligence-startup-deepmind>, accessed 31 July 2016.
6. deCharms, R. C. et al. Control over brain activation and pain learned by using real-time functional MRI. *Proc. Natl Acad. Sci. USA* 102, 18626–31 (2005).
7. Banca, P. et al. Imbalance in habitual versus goal directed neural systems during symptom provocation in obsessive–compulsive disorder. *Brain* 138, 798–811 (2015).
8. Krack, P. et al. Five-year follow-up of bilateral stimulation of the subthalamic nucleus in advanced Parkinson's disease. *N. Engl. J. Med.* 349, 1925–34 (2003).
9. Mayberg, H. S. et al. Deep brain stimulation for treatment-resistant depression. *Neuron* 45, 651–60 (2005).
10. Abelson, J. L. et al. Deep brain stimulation for refractory obsessive–compulsive disorder. *Biol. Psychiatry* 57, 510–16 (2005).